Python en action

45 Exercices Soigneusement Conçus pour Maîtriser les Fondamentaux de Python

Louis Farrens

Python en action.

Sommaire

Introduction

Bienvenue dans *Python en action*, votre guide pour passer de novice Python à codeur confiant ! Ce livre n'est pas simplement une autre collection de tutoriels ; c'est un programme de formation pratique conçu pour développer vos muscles de résolution de problèmes et consolider votre compréhension de Python grâce à des exercices pratiques.

À qui s'adresse ce livre ?

Ce livre est parfait pour vous si :

- Vous avez appris les bases de Python mais vous vous sentez perdu face à un éditeur de code vide.
- Vous avez terminé quelques tutoriels mais vous avez du mal à appliquer vos connaissances à des problèmes concrets.
- Vous souhaitez approfondir votre compréhension des concepts fondamentaux de Python et explorer des techniques plus avancées.

Que vous soyez étudiant, amateur ou professionnel, *Python en action* vous aidera à améliorer vos compétences en Python et à gagner la confiance nécessaire pour relever n'importe quel défi de codage.

Comment fonctionne ce livre

Python en action est structuré autour de 45 exercices soigneusement choisis, chacun conçu pour être stimulant mais réalisable. Les exercices ne sont ni trop simplistes ni excessivement complexes : ils trouvent un équilibre entre le renforcement des concepts fondamentaux et la stimulation de votre esprit critique. De même, les problèmes que vous rencontrerez ne sont jamais trop importants ni trop difficiles ; ils sont conçus pour être résolus dans un délai raisonnable, vous permettant de progresser régulièrement sans vous enliser.

Chaque exercice suit un format cohérent :

1. **Titre de l'exercice :** Un titre descriptif qui indique le concept principal mis en pratique.
2. **Le Défi :** Un énoncé de problème clair et concis décrivant la tâche.
3. **Exemple d'Entrée/Sortie :** Montre à quoi devrait ressembler le résultat attendu.
4. **Concepts Clés :** Revoit brièvement les connaissances préalables et introduit tout nouveau concept. Nous fournirons des explications claires et des exemples simples pour vous assurer d'avoir les bases nécessaires. Ne vous inquiétez pas si certains concepts semblent

peu familiers au début – nous les approfondirons lorsqu'ils seront utilisés dans les exercices.

5. **Réflexion** : Cette section fournit des conseils sur la façon d'aborder le problème, en décrivant les stratégies potentielles et en soulignant les pièges courants. *Résistez à la tentation de jeter un coup d'œil à cette section avant d'avoir essayé de résoudre l'exercice par vous-même !* Elle est conçue pour vous aider si vous êtes bloqué, mais le véritable apprentissage vient du fait de se confronter au problème soi-même.

6. **La Solution** : Présente une solution bien commentée au défi, ainsi qu'une explication étape par étape du code. Nous discuterons également des approches alternatives, en reconnaissant qu'il existe souvent plusieurs façons de résoudre un problème en Python, et que c'est parfaitement normal ! Nous, les humains, pensons de diverses manières, et votre approche pourrait être tout aussi valable que la nôtre.

7. **Bonus Python ! (Facultatif)** : Cette section fournit des informations supplémentaires, des concepts connexes, des anecdotes amusantes ou des défis supplémentaires liés au sujet de l'exercice. C'est votre chance d'aller au-delà des bases et d'explorer le paysage plus large de Python. *Encore une fois, résistez à l'envie de sauter à cette section avant d'avoir terminé l'exercice.*

Conventions utilisées dans ce livre

- Les exemples de code sont formatés à l'aide d'une police à largeur fixe.
- Les annotations numérotées dans le code (❶, ❷, etc.) correspondent aux explications numérotées dans l'explication étape par étape.
- Nous utiliserons un langage clair et concis, en évitant le jargon autant que possible. Nous n'inclurons pas toujours une gestion exhaustive des erreurs dans nos solutions afin de garder le code concentré et d'éviter que le livre ne devienne trop long. Cependant, nous indiquerons où la gestion des erreurs serait appropriée dans les applications réelles.

Comment tirer le meilleur parti de ce livre

La clé pour maximiser votre apprentissage est la *participation active*. Ne vous contentez pas de lire passivement les exercices et les solutions. Suivez ces étapes pour chaque exercice :

1. **Essayez par vous-même d'abord** : Avant de consulter les sections « Réflexion » ou « Solution », écrivez votre propre code pour résoudre le défi. N'ayez pas peur d'expérimenter et de faire des erreurs.

2. **Vous êtes bloqué ? Réfléchissez** : Si vous avez des difficultés, reportez-vous à la section « Réflexion » pour obtenir des conseils et des indices.

3. **Comparez avec la solution** : Une fois que vous avez écrit votre code (ou si vous êtes complètement bloqué), comparez-le avec la solution fournie. Ne vous inquiétez pas si votre solution est différente – il existe souvent plusieurs approches valables. Concentrez-vous sur la compréhension de la logique et des concepts derrière le code.

4. **Boostez vos compétences** : Explorez la section « Bonus Python ! » pour des informations supplémentaires et des défis.

En vous engageant activement dans les exercices, vous apprendrez non seulement la syntaxe, mais vous développerez également les compétences de résolution de problèmes essentielles pour devenir un programmeur Python confiant.

1. Types de Données et Opérations de Base

Chaque langage de programmation possède son propre ensemble de types de données de base : les moyens fondamentaux par lesquels il représente les informations. En Python, nous travaillerons beaucoup avec les chaînes de caractères (texte), les nombres (entiers et nombres à virgule flottante) et les booléens (Vrai/Faux). Cette section explore comment manipuler ces types de données à l'aide d'opérateurs et de fonctions intégrées, posant les bases de programmes plus complexes.

Inverser une Chaîne de Caractères

Manipuler du texte est une compétence essentielle en programmation. Que ce soit pour traiter des données saisies par l'utilisateur, analyser des informations ou générer des rapports, vous serez souvent amené à travailler avec des chaînes de caractères. Une opération courante consiste à inverser l'ordre des caractères d'une chaîne. Bien que Python offre des méthodes intégrées pour réaliser cette opération, comprendre comment l'effectuer manuellement permet d'approfondir des concepts fondamentaux tels que les boucles, l'indexation et la concaténation de chaînes.

Dans cet exercice, nous allons créer notre propre fonction Python pour inverser des chaînes de caractères. Préparez-vous à exercer vos compétences en manipulation de chaînes !

Le défi

Écrivez une fonction Python appelée `inverser_chaine()` qui prend une chaîne de caractères en entrée et renvoie une nouvelle chaîne avec les caractères dans l'ordre inverse.

Exemple d'entrée/sortie

```
>>> inverser_chaine("bonjour")
'ruojnob'
```

Concepts clés

- Prérequis :
  - **Chaînes de caractères** : Suites de caractères délimitées par des guillemets (simples ou doubles).
  - **Indexation** : Accéder à des caractères individuels d'une chaîne en utilisant leur position (par exemple, `chaine[0]` pour le premier caractère).

- ▶ **Boucles** : Répéter un bloc de code plusieurs fois, souvent à l'aide d'une boucle `for` pour itérer sur une séquence.
  - ▶ **Concaténation de chaînes** : Assembler des chaînes de caractères à l'aide de l'opérateur `+`.
- **Nouveaux concepts** : Aucun (cet exercice renforce les bases de la manipulation de chaînes).

- **Illustration** :

Visualisons le processus d'inversion de la chaîne "bonjour" :

```
Chaîne originale : "bonjour"

Étape 1 : "r"
Étape 2 : "ru"
Étape 3 : "ruo"
Étape 4 : "ruoj"
Étape 5 : "ruojn"
Étape 6 : "ruojno"
Étape 7 : "ruojnob"

Chaîne inversée : "ruojnob"
```

Réflexion

- **Stratégies de résolution** : On peut inverser une chaîne en partant du dernier caractère et en progressant vers le premier. À chaque étape, on ajoute le caractère courant au début d'une nouvelle chaîne.
- **Pièges potentiels** : Les chaînes de caractères en Python sont immuables, c'est-à-dire qu'on ne peut pas les modifier directement. Il faut donc créer une nouvelle chaîne pour stocker les caractères inversés.

La solution :

Approches possibles :

- **Découpage (Slicing)** : Python propose une fonctionnalité de découpage (`chaine[::-1]`) pour inverser une chaîne en une seule ligne. Bien que concise, cette approche peut être moins intuitive pour les débutants.
- **Boucle et concaténation** : On peut utiliser une boucle pour parcourir la chaîne en sens inverse et construire une nouvelle chaîne en concaténant les caractères un par un. Cette méthode est plus explicite et illustre la logique de l'inversion.
- **Récursion** : Une fonction récursive pourrait être utilisée, mais elle peut être moins performante pour les chaînes longues.

Notre approche :

Nous utiliserons la méthode de la boucle et de la concaténation, car elle démontre clairement le processus d'inversion.

Code complet

```
def inverser_chaine(chaine):
    chaine_inversee = ''   #❶
    for i in range(len(chaine) - 1, -1, -1):   #❷
        chaine_inversee += chaine[i]   #❸
    return chaine_inversee   #❹
```

Explication du code :

❶ **Initialisation de la chaîne inversée** : On crée une chaîne vide chaine_inversee qui contiendra la chaîne inversée.

❷ **Parcours en sens inverse** : On utilise une boucle for et range() pour parcourir les indices de la chaîne chaine du dernier au premier.

 ▸ len(chaine) - 1 : Indice du dernier caractère.

 ▸ -1 (fin) : La boucle s'arrête avant l'indice -1 (exclusif).

 ▸ -1 (pas) : Décrémentation pour parcourir en sens inverse.

❸ **Concaténation des caractères** : chaine[i] accède au caractère à l'indice i. On l'ajoute à chaine_inversee.

❹ **Retour de la chaîne inversée** : La fonction retourne la chaîne chaine_inversee.

Celsius vers Fahrenheit, et vice-versa

La conversion de température est une tâche courante en programmation, notamment lorsqu'il s'agit de données scientifiques, d'applications météorologiques ou d'internationalisation. Bien que Python ne dispose pas de fonctions intégrées pour ces conversions, c'est une excellente occasion de s'exercer à écrire des fonctions qui effectuent des calculs et renvoient des valeurs.

Dans cet exercice, nous allons créer deux fonctions Python pour convertir les températures entre Celsius et Fahrenheit. Préparez-vous à faire chauffer (et refroidir) les choses !

Le défi

1. Écrivez une fonction Python appelée `celsius_vers_fahrenheit()` qui prend une température en degrés Celsius (sous forme de nombre) et renvoie la température équivalente en degrés Fahrenheit.
2. Écrivez une fonction Python appelée `fahrenheit_vers_celsius()` qui prend une température en degrés Fahrenheit (sous forme de nombre) et renvoie la température équivalente en degrés Celsius.

Exemple d'entrée/sortie

```
>>> celsius_vers_fahrenheit(0)
32.0

>>> fahrenheit_vers_celsius(32)
0.0
```

Concepts clés

- Prérequis :

  ▸ **Fonctions** : Définir des fonctions, utiliser des paramètres et renvoyer des valeurs.

- ▸ **Types de données numériques** : Entiers (`int`) et nombres à virgule flottante (`float`).
- ▸ **Opérateurs arithmétiques** : Effectuer des calculs à l'aide d'opérateurs tels que +, -, * et /.
- ▪ **Nouveaux concepts** : Aucun (cet exercice renforce l'écriture de fonctions de base et les calculs).

Réflexion

- ▪ **Stratégies de résolution de problèmes** :
  1. **Formules de conversion** : Nous devrons utiliser les formules standard de conversion entre Celsius et Fahrenheit :
     - ▹ Celsius vers Fahrenheit : `F = (C * 9/5) + 32`
     - ▹ Fahrenheit vers Celsius : `C = (F - 32) * 5/9`
  2. **Structure des fonctions** : Chaque fonction prendra un seul argument numérique (la température) et renverra une valeur numérique (la température convertie).
- ▪ **Pièges potentiels** :

  - ▸ **Ordre des opérations** : Assurez-vous que les calculs sont effectués dans le bon ordre, en utilisant des parenthèses si nécessaire.
  - ▸ **Types de données** : En Python 3, la division entre deux entiers (`int`) donnera un nombre à virgule flottante (`float`), même si le résultat est un nombre entier.

La solution

Approches possibles

- ▪ **Fonctions séparées** : Définir deux fonctions distinctes, une pour chaque direction de conversion. Cette approche est claire, modulaire et facile à comprendre.
- ▪ **Fonction unique avec un indicateur** : Créer une fonction qui prend un argument supplémentaire (un indicateur ou une valeur booléenne) pour indiquer la direction de la conversion. Cette approche peut être légèrement plus compacte, mais pourrait être moins lisible.

Notre approche

Nous utiliserons l'approche des fonctions séparées pour plus de clarté et de maintenabilité.

Code complet

```
def celsius_vers_fahrenheit(celsius):
    fahrenheit = (celsius * 9/5) + 32 #❶
    return fahrenheit #❷
```

```
def fahrenheit_vers_celsius(fahrenheit):
    celsius = (fahrenheit - 32) * 5/9 #❸
    return celsius #❹
```

Explication du code

❶ **Calcul Celsius vers Fahrenheit** : Nous appliquons la formule de conversion Celsius vers Fahrenheit : `(celsius * 9/5) + 32`.

❷ **Retourner Fahrenheit** : La température Fahrenheit calculée est renvoyée.

❸ **Calcul Fahrenheit vers Celsius** : Nous appliquons la formule de conversion Fahrenheit vers Celsius : `(fahrenheit - 32) * 5/9`.

❹ **Retourner Celsius** : La température Celsius calculée est renvoyée.

EXERCICE 3:

Parité Binaire

Déterminer si un nombre est pair ou impair est une tâche de programmation simple mais fondamentale. Bien que l'opérateur modulo (%) fournisse une solution facile, nous pouvons explorer une approche plus efficace et moins couramment utilisée : les opérations bit à bit. Cet exercice vous mettra au défi de penser aux nombres au niveau binaire et d'appliquer la logique bit à bit.

Le défi

Écrivez une fonction Python appelée `est_pair()` qui prend un seul argument numérique et renvoie `True` si le nombre est pair et `False` s'il est impair.

Défi supplémentaire : N'utilisez pas l'opérateur modulo (%). Utilisez plutôt des opérations bit à bit pour déterminer la parité. Votre fonction doit également gérer les nombres à virgule flottante.

Exemple d'entrée/sortie

```
>>> est_pair(10)
True

>>> est_pair(7)
False

>>> est_pair(3.14)
False

>>> est_pair(2.0)
True
```

Concepts clés

- Prérequis :
  - **Fonctions :** Définition de fonctions, paramètres, valeurs de retour.

- ▸ **Types de données numériques** : Entiers (int) et nombres à virgule flottante (float).
  - ▸ **Valeurs booléennes** : True et False.
- **Nouveaux concepts** :

  - ▸ **Opérateurs bit à bit** : Opérateurs qui travaillent sur les représentations binaires des nombres. Nous utiliserons l'opérateur ET bit à bit (&).
  - ▸ **Représentation binaire** : Comprendre comment les nombres sont représentés sous forme binaire (base 2).
- **Aide visuelle** :

```
Décimal : 10      7      3
Binaire :  1010   0111   0011
            ^      ^      ^
          Bit de poids faible (Least Significant Bit LSB)
```

Réflexion

- **Stratégies de résolution de problèmes** :

  1. **Pair vs. Impair en binaire** : Le bit de poids faible (LSB) d'un nombre pair en binaire est toujours 0, tandis que le LSB d'un nombre impair est toujours 1.
  2. **ET bit à bit** : Nous pouvons utiliser l'opérateur ET bit à bit (&) avec 1 pour isoler le LSB d'un nombre. Si le résultat est 0, le nombre est pair ; sinon, il est impair.
  3. **Gestion des nombres à virgule flottante** : Il existe deux façons de considérer la parité des nombres à virgule flottante :
     - ▹ **Perspective mathématique** : Mathématiquement, les nombres pairs et impairs sont généralement définis uniquement pour les entiers. Les nombres à virgule flottante ne correspondent pas parfaitement à cette définition.
     - ▹ **Perspective de programmation** : En programmation, il est plus courant de vérifier si la *partie entière* d'un nombre à virgule flottante est paire.
- **Pièges potentiels** :

  - ▸ **Confondre ET bit à bit avec ET logique** : L'opérateur ET bit à bit (&) fonctionne sur des bits individuels, tandis que l'opérateur ET logique (and) fonctionne sur des valeurs booléennes.
  - ▸ **Oublier de gérer les nombres à virgule flottante** : Notre solution doit fonctionner pour les entrées entières et à virgule flottante.

La solution

Approches possibles

- **ET bit à bit avec 1** : C'est l'approche la plus directe et la plus efficace, car elle vérifie directement le LSB de la représentation binaire du nombre.

- **Décalage et vérification** : Nous pourrions décaler le nombre d'un bit vers la droite et vérifier si le LSB est 0. Cette approche est conceptuellement similaire à la méthode ET bit à bit.
- **Division par 2** : Bien que le défi spécifie de ne pas utiliser l'opérateur modulo, nous pourrions toujours diviser le nombre par 2 et vérifier si le résultat est un nombre entier. Cependant, cette approche est moins efficace que l'utilisation d'opérations bit à bit.

Notre approche

Nous utiliserons l'approche ET bit à bit avec 1 pour son efficacité et sa clarté. Pour les nombres à virgule flottante, nous définirons un nombre à virgule flottante comme pair si sa partie entière est paire.

Code complet

```
def est_pair(nombre):
    if isinstance(nombre, float): #❶
        nombre = int(nombre) #❷
    return (nombre & 1) == 0 #❸
```

Explication du code

❶ **Gérer les nombres à virgule flottante** : Nous utilisons isinstance(nombre, float) pour vérifier si l'entrée nombre est un nombre à virgule flottante.

❷ **Convertir en entier** : Si l'entrée est un float, nous la convertissons en un int en utilisant int(nombre). Cela nous donne la partie entière du nombre à virgule flottante.

❸ **ET bit à bit et comparaison** : Nous effectuons une opération ET bit à bit entre le nombre et 1 (nombre & 1). Si le résultat est 0, cela signifie que le LSB est 0 et que le nombre est pair. Nous comparons le résultat à 0 en utilisant == et renvoyons True s'ils sont égaux (ce qui signifie que le nombre est pair), et False sinon.

Maître des Surfaces

Le calcul de l'aire de formes géométriques est une tâche courante dans de nombreuses applications de programmation, du développement de jeux aux simulations scientifiques. Cet exercice vous aidera à pratiquer l'utilisation des types de données numériques, des opérateurs arithmétiques et des instructions conditionnelles pour créer un calculateur de surface polyvalent.

Le défi

Écrivez une fonction Python appelée `calculer_aire()` capable de calculer l'aire des formes suivantes :

- **Cercle** : Étant donné le rayon.
- **Rectangle** : Étant donné la longueur et la largeur.
- **Triangle** : Étant donné la base et la hauteur.

Votre fonction doit prendre deux arguments :

1. `forme` : Une chaîne de caractères représentant la forme (« cercle », « rectangle » ou « triangle »).
2. Un nombre ou un tuple de deux nombres, selon la forme :
   - ▶ Pour un cercle, l'argument est le rayon (un seul nombre).
   - ▶ Pour un rectangle, l'argument est un tuple contenant la longueur et la largeur.
   - ▶ Pour un triangle, l'argument est un tuple contenant la base et la hauteur.

Exemple d'entrée/sortie

```
>>> calculer_aire("cercle", 5)
78.53981633974483

>>> calculer_aire("rectangle", (4, 6))
24

>>> calculer_aire("triangle", (3, 8))
12.0
```

Concepts clés

- Connaissances préalables :

  ▸ **Fonctions** : Définition de fonctions, paramètres, valeurs de retour.

  ▸ **Types de données numériques** : Entiers (`int`) et nombres à virgule flottante (`float`).

  ▸ **Opérateurs arithmétiques** : +, -, *, /.

  ▸ **Instructions conditionnelles** : `if`, `elif`, `else`.

  ▸ **Tuples** : Suites ordonnées et immuables de valeurs.

- **Nouveaux concepts** : La constante `pi` du module `math`.

Réflexion

- Stratégies de résolution de problèmes :

  1. **Formules d'aire** : Nous aurons besoin des formules pour calculer l'aire de chaque forme :
     ▷ Cercle : `Aire = pi * rayon**2`
     ▷ Rectangle : `Aire = longueur * largeur`
     ▷ Triangle : `Aire = (base * hauteur) / 2`

  2. **Logique conditionnelle** : Nous utiliserons les instructions `if`, `elif` et `else` pour déterminer la forme pour laquelle calculer l'aire en fonction de l'argument `forme`.

  3. **Déballage de tuple** : Pour les rectangles et les triangles, nous déballerons la longueur et la largeur (ou la base et la hauteur) du tuple d'arguments.

- Pièges potentiels :

  ▸ **Formules incorrectes** : Vérifiez que vous utilisez les formules d'aire correctes.

  ▸ **Sensibilité à la casse** : Assurez-vous de vérifier l'argument `forme` sans tenir compte de la casse (par exemple, « cercle », « Cercle », « CERCLE » doivent tous être valides).

  ▸ **Types d'arguments** : Assurez-vous de gérer correctement les différents types d'arguments (un seul nombre pour le cercle, un tuple pour le rectangle et le triangle).

La solution

Approches possibles

- **Fonctions séparées pour chaque forme** : Nous pourrions définir trois fonctions distinctes (`calculer_aire_cercle()`, `calculer_aire_rectangle()`, `calculer_aire_triangle()`) et appeler la fonction appropriée en fonction de l'argument `forme`. Cette approche est modulaire mais peut entraîner plus de code.

- **Fonction unique avec logique conditionnelle** : Nous pouvons utiliser une seule fonction (`calculer_aire()`) et utiliser des instructions conditionnelles pour déterminer l'aire de quelle forme calculer. Cette approche est plus concise.

Notre approche

Nous utiliserons l'approche de la fonction unique avec logique conditionnelle pour sa concision.

Code complet

```python
import math #❷

def calculer_aire(forme, dimensions):
    forme = forme.lower() #❷

    if forme == "cercle":
        rayon = dimensions #❸
        aire = math.pi * rayon**2 #❹
    elif forme == "rectangle":
        longueur, largeur = dimensions #❺
        aire = longueur * largeur #❻
    elif forme == "triangle":
        base, hauteur = dimensions #❼
        aire = (base * hauteur) / 2 #❽
    else:
        return None #❾

    return aire #❿
```

Explication du code

❶ **Importer le module** `math` : Nous importons le module `math` pour accéder à la constante `math.pi`.

❷ **Convertir la forme en minuscules** : Nous convertissons l'argument `forme` en minuscules à l'aide de `forme.lower()` pour gérer les entrées sans tenir compte de la casse.

❸ **Assigner le rayon** : Si la `forme` est « cercle », nous affectons l'argument `dimensions` (qui est un seul nombre) à la variable `rayon`.

❹ **Calculer l'aire du cercle** : Nous calculons l'aire du cercle à l'aide de la formule `math.pi * rayon**2`.

❺ **Déballer les dimensions** : Si la `forme` est « rectangle », nous déballons le tuple `dimensions` (contenant la longueur et la largeur) dans les variables `longueur` et `largeur`.

❻ **Calculer l'aire du rectangle** : Nous calculons l'aire du rectangle à l'aide de la formule `longueur * largeur`.

❼ **Déballer les dimensions** : Si la `forme` est « triangle », nous déballons le tuple `dimensions` (contenant la base et la hauteur) dans les variables `base` et `hauteur`.

❽ **Calculer l'aire du triangle** : Nous calculons l'aire du triangle à l'aide de la formule `(base * hauteur) / 2`.

❾ **Forme invalide** : Si l'argument `forme` ne correspond à aucune des formes valides, nous retournons `None` pour indiquer une entrée invalide.

❿ **Retourner l'aire** : Si la forme est valide, nous retournons l'`aire` calculée.

Le Chiffre de César

La cryptographie, l'art d'écrire et de résoudre des codes, fascine les gens depuis des siècles. L'une des techniques de chiffrement les plus simples et les plus connues est le chiffre de César, nommé d'après Jules César, qui l'utilisait pour communiquer avec ses généraux. Dans cet exercice, nous allons créer notre propre chiffre de César pour chiffrer et déchiffrer des messages secrets.

Le Défi

Écrivez une fonction Python appelée `chiffre_de_cesar()` qui prend deux arguments :

1. `texte` : Le texte à chiffrer ou déchiffrer (une chaîne de caractères).
2. `decalage` : Le nombre de positions pour décaler chaque lettre (un entier). Une valeur de décalage positive chiffre le texte, et une valeur négative le déchiffre.

La fonction doit retourner le texte chiffré ou déchiffré.

Exemple d'Entrée/Sortie

```
>>> chiffre_de_cesar("bonjour", 3)
'erqmrxu'

>>> chiffre_de_cesar("erqmrxu", -3)
'bonjour'
```

Concepts Clés

- **Connaissances Préalables :**

  - ▶ **Chaînes de caractères :** Séquences de caractères.
  - ▶ **Indexation :** Accéder aux caractères d'une chaîne en utilisant leur position.
  - ▶ **Boucles :** Itérer à travers des séquences.
  - ▶ **Concaténation de chaînes :** Joindre des chaînes ensemble.
  - ▶ **Opérateur modulo (%) :** Utilisé pour le « retour à la ligne » lors du décalage des lettres.
- **Nouveaux Concepts :** Valeurs ASCII, fonctions `ord()` et `chr()`.

Réflexion

- **Stratégies de Résolution de Problèmes :**

  1. **Valeurs ASCII :** Chaque caractère a une représentation numérique appelée sa valeur ASCII. Nous pouvons utiliser la fonction `ord()` pour obtenir la valeur ASCII d'un caractère.
  2. **Décalage :** Nous allons décaler la valeur ASCII de chaque lettre par la valeur `decalage`.
  3. **Retour à la Ligne :** Si la valeur ASCII décalée dépasse la plage des lettres minuscules (a-z), nous utiliserons l'opérateur modulo (%) pour revenir au début de l'alphabet.
  4. **Conversion en Caractères :** Nous utiliserons la fonction `chr()` pour convertir les valeurs ASCII décalées en caractères.
  5. **Gestion des Caractères Non-Lettres :** Nous laisserons les caractères non-lettres (espaces, ponctuation, etc.) inchangés.

- **Pièges Potentiels :**

  - ▸ **Majuscules vs Minuscules :** Le chiffre de César ne fonctionne traditionnellement que sur les lettres minuscules. Nous devrons gérer les lettres majuscules séparément si nous voulons les inclure.
  - ▸ **Valeur de Décalage :** Assurez-vous que la valeur de décalage ne cause pas de problèmes avec le retour à la ligne (par exemple, un décalage de 26 ne changerait pas le texte du tout).

La Solution

Approches Possibles

- **Utilisation des Méthodes de Chaîne :** Nous pourrions potentiellement utiliser des méthodes de chaîne comme `translate()` pour effectuer le chiffre de César. Cependant, cette approche pourrait être moins intuitive pour comprendre la logique sous-jacente.
- **Manipulation ASCII et Boucles :** Nous pouvons parcourir le texte, convertir chaque lettre en sa valeur ASCII, décaler la valeur, gérer le retour à la ligne, reconvertir en caractères et construire le texte chiffré/déchiffré.

Notre Approche

Nous utiliserons l'approche de manipulation ASCII et de boucles pour démontrer les concepts fondamentaux du chiffre de César.

Code Complet

```python
def chiffre_de_cesar(texte, decalage):
    resultat = '' #❶
    for char in texte: #❷
```

```
        if 'a' <= char <= 'z': #❸
            debut = ord('a') #❹
        elif 'A' <= char <= 'Z': #❺
            debut = ord('A') #❻
        else:
            resultat += char #❼
            continue #❽

        char_decale = chr((ord(char) - debut + decalage) % 26 + debut)
#❾
        resultat += char_decale #❿

    return resultat #⓫
```

Explication du Code

❶ **Initialiser le Résultat** : Une chaîne vide `resultat` est créée pour stocker le texte chiffré ou déchiffré.

❷ **Parcourir le Texte** : Une boucle `for` itère à travers chaque caractère (`char`) dans le `texte` d'entrée.

❸ **Vérifier si Minuscule** : Une instruction `if` vérifie si `char` est une lettre minuscule ('a' à 'z')...

❹ **Début de l'Alphabet Minuscule** : Si le caractère est minuscule, la valeur ASCII de 'a' est stockée dans `debut`.

❺ **Vérifier si Majuscule** : Une instruction `elif` vérifie si `char` est une lettre majuscule ('A' à 'Z')...

❻ **Début de l'Alphabet Majuscule** : Si le caractère est majuscule, la valeur ASCII de 'A' est stockée dans `debut`.

❼ **Ajouter le Caractère Tel Quel** : Si le caractère n'est pas une lettre, il est ajouté à `resultat` tel quel.

❽ **Passer au Caractère Suivant** : `continue` passe à l'itération suivante de la boucle.

❾ **Calculer le Caractère Décalé** : Le cœur du chiffre de César :

▶ `ord(char)` obtient la valeur ASCII du caractère.

▶ `ord(char) - debut` calcule la position du caractère par rapport au début de l'alphabet (0 pour 'a' ou 'A', 1 pour 'b' ou 'B', etc.).

▶ `+ decalage` applique la valeur de décalage.

▶ `% 26` gère le retour à la ligne à l'aide de l'opérateur modulo.

- ▸ `+ debut` ajoute la valeur ASCII de départ pour obtenir la valeur ASCII du caractère décalé.

- ▸ `chr(...)` convertit la valeur ASCII en caractère.

❿ Ajouter au Résultat : Le caractère décalé est ajouté à la chaîne `resultat`.

⓫ Retourner le Résultat : Après la fin de la boucle, la fonction retourne la chaîne `resultat`.

2. Structures de Données : Listes et Tuples

Les listes et les tuples sont des structures de données essentielles en Python qui vous permettent de stocker et d'organiser des collections d'éléments. Les listes sont mutables (modifiables), tandis que les tuples sont immuables (fixes). Cette section vous permettra de vous exercer à créer, accéder, modifier et parcourir des listes et des tuples, vous dotant des compétences nécessaires pour gérer efficacement les données dans vos programmes Python.

Nombres Croissants

Le tri est une opération fondamentale en informatique, utilisée couramment dans diverses applications, de l'organisation des données à la recherche et à la récupération efficace d'informations. Bien que Python fournisse des fonctionnalités de tri intégrées, comprendre le fonctionnement des algorithmes de tri à un niveau de base est crucial pour tout programmeur.

Dans cet exercice, nous allons implémenter notre propre fonction pour trier une liste de nombres par ordre croissant.

Le Défi

Écrivez une fonction Python appelée `trier_nombres()` qui prend une liste de nombres en entrée et renvoie une nouvelle liste avec les nombres triés par ordre croissant.

Important : N'utilisez pas la méthode `sort()` intégrée de Python ni la fonction `sorted()`. Implémentez votre propre algorithme de tri.

Exemple d'Entrée/Sortie

```
>>> trier_nombres([3, 1, 4, 1, 5, 9, 2, 6])
[1, 1, 2, 3, 4, 5, 6, 9]
```

Concepts Clés

- **Connaissances Préalables :**
  - ▶ **Listes :** Séquences ordonnées et modifiables d'éléments.
  - ▶ **Indexation :** Accéder aux éléments de la liste en utilisant leur position.
  - ▶ **Boucles :** Itérer à travers les listes.
  - ▶ **Opérateurs de comparaison :** <, >, <=, >=, ==, !=.
- **Nouveaux Concepts :** Algorithmes de tri de base (nous nous concentrerons sur le tri à bulles dans cet exercice).

Réflexion

- **Stratégies de Résolution de Problèmes :**

  1. **Tri à Bulles :** Un algorithme de tri simple où l'on compare de manière répétée des éléments adjacents et on les échange s'ils sont dans le mauvais ordre. Nous continuons ce processus jusqu'à ce que la liste soit triée.

- **Pièges Potentiels :**

  ▶ **Erreurs « hors limites » :** Soyez prudent avec les indices de liste lorsque vous comparez et échangez des éléments.

  ▶ **Boucles Infinies :** Assurez-vous que votre boucle se termine lorsque la liste est triée.

La Solution

Approches Possibles

- **Tri à Bulles :** Un algorithme simple, facile à comprendre et à implémenter, mais pas très efficace pour les grandes listes.
- **Tri par Insertion :** Plus efficace que le tri à bulles pour les listes de petite et moyenne taille.
- **Tri Fusion ou Tri Rapide :** Algorithmes très efficaces pour les grandes listes, mais plus complexes à implémenter.

Notre Approche

Nous allons implémenter le tri à bulles pour sa simplicité et sa valeur pédagogique. Bien que ce ne soit pas l'algorithme le plus efficace, il démontre efficacement les concepts fondamentaux du tri.

Code Complet

```
def trier_nombres(nombres):
    n = len(nombres) #❶
    for i in range(n): #❷
        for j in range(0, n-i-1): #❸
            if nombres[j] > nombres[j+1]: #❹
                nombres[j], nombres[j+1] = nombres[j+1], nombres[j]
#❺
    return nombres #❻
```

Explication du Code

❶ **Obtenir la Longueur de la Liste :** n stocke la longueur de la liste d'entrée.

❷ **Boucle Externe** : La boucle externe itère n fois.

❸ **Boucle Interne** : La boucle interne compare les éléments adjacents jusqu'à $n-i-1$. La partie $-i$ optimise l'algorithme en ignorant les éléments déjà triés lors des passes ultérieures.

❹ **Comparer les Éléments Adjacents** : Si les éléments j et $j+1$ sont dans le mauvais ordre...

❺ **Échanger les Éléments** : ...les échanger en utilisant une affectation simultanée.

❻ **Retourner la Liste Triée** : Une fois les boucles terminées, la liste est triée et la fonction la retourne.

Pas de Doublons !

Travailler avec des listes implique souvent de gérer des entrées dupliquées. Que vous traitiez des données utilisateur, analysiez des fichiers journaux ou gériez des inventaires, vous devrez fréquemment identifier et supprimer les doublons pour garantir l'intégrité et l'efficacité des données.

Dans cet exercice, nous allons créer une fonction Python pour supprimer efficacement les doublons d'une liste tout en préservant l'ordre original des éléments.

Le Défi

Écrivez une fonction Python appelée `supprimer_doublons()` qui prend une liste en entrée et renvoie une nouvelle liste contenant uniquement les éléments uniques de la liste originale, dans leur ordre d'origine.

Exemple d'Entrée/Sortie

```
>>> supprimer_doublons([1, 2, 2, 3, 4, 4, 5])
[1, 2, 3, 4, 5]

>>> supprimer_doublons(['pomme', 'banane', 'pomme', 'orange'])
['pomme', 'banane', 'orange']
```

Concepts Clés

- **Connaissances Préalables :**
  - **Listes :** Séquences ordonnées et modifiables.
  - **Boucles :** Itérer à travers les listes.
  - **Instructions Conditionnelles :** Instructions `if`.
  - **Opérateur** `in` : Vérifier l'appartenance à une liste ou à un ensemble.
- **Nouveaux Concepts :** Utiliser des ensembles pour vérifier efficacement les éléments uniques. Un ensemble est une collection non ordonnée d'éléments uniques. Les ensembles sont particulièrement efficaces pour les tests d'appartenance car ils sont implé-

mentés à l'aide de tables de hachage. Dans une table de hachage, les éléments sont stockés de manière à permettre des recherches très rapides (en moyenne, une opération à temps constant, notée O(1) dans la notation Big O).

Réflexion

- **Stratégies de Résolution de Problèmes :**

  1. **Itérer et Vérifier (Moins Efficace) :** Nous pouvons parcourir la liste d'entrée et vérifier, à l'aide de l'opérateur in, si chaque élément est déjà présent dans une nouvelle liste. Sinon, nous l'ajoutons à la nouvelle liste. Cependant, cette approche peut devenir inefficace pour les grandes listes (recherche O(n) pour chaque élément).
  2. **Utiliser des Ensembles (Ne Préserve Pas l'Ordre) :** Les ensembles, par définition, ne stockent que des éléments uniques. Nous pourrions convertir la liste en un ensemble, puis de nouveau en une liste pour supprimer les doublons. Cependant, cette méthode ne garantit pas la préservation de l'ordre original des éléments.
  3. **Itération et Ensemble pour la Vérification d'Appartenance (Efficace et Préservant l'Ordre) :** Nous pouvons parcourir la liste en utilisant un ensemble pour vérifier efficacement l'appartenance (O(1) en moyenne). Si un élément n'est pas dans l'ensemble, nous l'ajoutons à une nouvelle liste et l'ajoutons à l'ensemble. Cette approche préserve l'ordre des éléments et est plus efficace que l'utilisation d'une liste pour les vérifications d'appartenance.

- **Pièges Potentiels :**

  - **Éléments Modifiables vs Immuables :** Les ensembles ne peuvent stocker que des éléments hachables (immuables). Si la liste d'entrée contient des éléments modifiables (comme d'autres listes ou dictionnaires), l'utilisation directe d'un ensemble peut générer une erreur. Nous devrons gérer ce cas séparément si nécessaire.

La Solution

Approches Possibles

- **Itération et Vérification d'Appartenance à la Liste :** Itérer à travers la liste et vérifier si chaque élément est déjà présent dans une nouvelle liste. Moins efficace en raison de la recherche O(n) pour chaque élément.
- **Conversion en Ensemble :** Convertir la liste en ensemble puis de nouveau en liste. Simple mais ne préserve pas l'ordre original.
- **Itération et Vérification d'Appartenance à l'Ensemble :** Utiliser un ensemble pour suivre les éléments déjà vus tout en parcourant la liste, en ajoutant les éléments uniques à une nouvelle liste. Efficace et préserve l'ordre.

Notre Approche

Nous utiliserons la troisième approche - itération et un ensemble pour les vérifications d'appartenance - pour son efficacité et la préservation de l'ordre.

Code Complet

```
def supprimer_doublons(elements):
    elements_uniques = [] #①
    vus = set() #②
    for element in elements: #③
        if element not in vus: #④
            elements_uniques.append(element) #⑤
            vus.add(element) #⑥
    return elements_uniques #⑦
```

Explication du Code

① **Initialiser** `elements_uniques` : Créer une liste vide `elements_uniques` pour stocker les éléments uniques.

② **Initialiser** `vus` : Créer un ensemble vide `vus` pour suivre les éléments déjà rencontrés. Nous utilisons un ensemble car la vérification de l'appartenance à un ensemble (`if element not in vus`) est très efficace (O(1) en moyenne) grâce à son implémentation de table de hachage. Cela accélère considérablement notre fonction par rapport à l'utilisation d'une liste pour la vérification d'appartenance (ce qui serait O(n)).

③ **Parcourir** `elements` : Une boucle `for` parcourt chaque `element` de la liste d'entrée `elements`.

④ **Vérifier si** `element` **est dans** `vus` : Si l'`element` actuel n'est pas déjà dans l'ensemble `vus`...

⑤ **Ajouter à** `elements_uniques` : ...l'ajouter à la liste `elements_uniques`.

⑥ **Ajouter à** `vus` : ...et l'ajouter à l'ensemble `vus`.

⑦ **Retourner** `elements_uniques` : Retourner la liste contenant uniquement les éléments uniques dans leur ordre d'origine.

Trouver la Moyenne

Calculer la moyenne (ou la valeur moyenne) d'un ensemble de nombres est une opération statistique fondamentale utilisée dans d'innombrables applications. Bien que Python offre des fonctions intégrées pour cela, implémenter votre propre fonction de calcul de la moyenne permet de consolider votre compréhension des boucles, des opérations arithmétiques et de la gestion des erreurs potentielles.

Le Défi

Écrivez une fonction Python appelée `calculer_moyenne()` qui prend une liste de nombres en entrée et renvoie la moyenne de ces nombres. Votre fonction doit gérer le cas où la liste d'entrée est vide.

Exemple d'Entrée/Sortie

```
>>> calculer_moyenne([1, 2, 3, 4, 5])
3.0

>>> calculer_moyenne([10, 20, 30])
20.0

>>> calculer_moyenne([])
0
```

Concepts Clés

- **Connaissances Préalables :**
  - ▶ **Listes** : Séquences ordonnées d'éléments.
  - ▶ **Boucles** : Itérer à travers les listes.
  - ▶ **Opérateurs Arithmétiques** : +, /.
  - ▶ **Fonction** `len()` : Obtenir le nombre d'éléments dans une liste.
  - ▶ `ZeroDivisionError` : L'exception levée lors d'une division par zéro.
- **Nouveaux Concepts** : Gérer les exceptions à l'aide des blocs `try-except`.

Réflexion

- **Stratégies de Résolution de Problèmes :**

  1. **Sommer les Nombres :** Utiliser une boucle pour parcourir la liste et calculer la somme de tous les nombres.
  2. **Obtenir le Nombre d'Éléments :** Utiliser la fonction `len()` pour obtenir le nombre d'éléments dans la liste.
  3. **Calculer la Moyenne :** Diviser la somme par le nombre d'éléments pour obtenir la moyenne.
  4. **Gérer la Liste Vide :** Si la liste est vide, retourner 0 (ou une autre valeur appropriée, selon le comportement souhaité). Nous pouvons également lever une exception si une liste vide est considérée comme une entrée invalide.
  5. **Gérer les Exceptions :** Utiliser un bloc `try-except` pour gérer la `ZeroDivisionError` qui pourrait se produire si la liste est vide.

- **Pièges Potentiels :**

  ▶ **Division Entière :** En Python 2, la division de deux entiers donnait une division entière (tronquant la partie décimale). En Python 3, ce n'est plus le cas.
  ▶ **Liste Vide :** Oublier de gérer le cas où la liste d'entrée est vide.

La Solution

Approches Possibles

- **Sommer et Diviser :** Calculer la somme des nombres et diviser par le nombre d'éléments. Gérer `ZeroDivisionError` pour les listes vides.
- **`sum()` et `len()` :** Utiliser les fonctions intégrées `sum()` et `len()` de Python, ce qui est une approche plus concise. Gérer `ZeroDivisionError` ou vérifier explicitement si la liste est vide.

Notre Approche

Nous allons démontrer l'approche explicite « sommer et diviser » pour illustrer la logique du calcul d'une moyenne. Nous montrerons également comment gérer la `ZeroDivisionError` à l'aide d'un bloc `try-except`.

Code Complet

```
def calculer_moyenne(nombres):
    total = 0 #❶
    compte = 0 #❷

    for nombre in nombres: #❸
```

```
        total += nombre #4
        compte += 1 #5

    try: #6 Gérer ZeroDivisionError
        moyenne = total / compte #7
        return moyenne #8
    except ZeroDivisionError: #9
        return 0 #10
```

Explication du Code

❶ **Initialiser** total : total stockera la somme des nombres.

❷ **Initialiser** compte : compte stockera le nombre d'éléments.

❸ **Parcourir** nombres : Une boucle for parcourt la liste d'entrée nombres.

❹ **Ajouter** à total : À chaque itération, ajouter le nombre actuel à total.

❺ **Incrémenter** compte : Incrémenter compte pour chaque nombre traité.

❻ **Gérer** ZeroDivisionError : Un bloc try-except gère la ZeroDivisionError potentielle.

❼ **Calculer** moyenne : Calculer la moyenne en divisant total par compte.

❽ **Retourner** moyenne : Si la division réussit, retourner la moyenne calculée.

❾ ZeroDivisionError **Interceptée** : Si une ZeroDivisionError se produit (lorsque la liste est vide),...

❿ **Retourner 0** : ...retourner 0.

Panier d'Achats Python

Construire une simple application de liste de courses est un excellent moyen de s'exercer à travailler avec les listes, les entrées utilisateur et le contrôle de flux. Cet exercice vous mettra au défi de créer un programme qui permet aux utilisateurs d'ajouter, de supprimer et de visualiser interactivement des articles dans leur liste de courses.

Le Défi

Créez un programme Python qui simule une liste de courses. Le programme doit inviter l'utilisateur à plusieurs reprises à saisir l'une des commandes suivantes :

- `ajouter [article]` : Ajoute l'article spécifié à la liste de courses.
- `supprimer [article]` : Supprime l'article spécifié de la liste de courses.
- `voir` : Affiche la liste de courses actuelle.
- `quitter` : Quitte le programme.

Exemple d'Entrée/Sortie

```
Entrez une commande : ajouter lait
Entrez une commande : ajouter œufs
Entrez une commande : ajouter pain
Entrez une commande : voir
['lait', 'œufs', 'pain']
Entrez une commande : supprimer œufs
Entrez une commande : voir
['lait', 'pain']
Entrez une commande : quitter
```

Concepts Clés

- Connaissances Préalables :

  - **Listes** : Séquences ordonnées et modifiables.
  - **Boucles** : Boucles `while` pour les entrées répétées.

- ▸ **Instructions Conditionnelles** : `if`, `elif`, `else`.
- ▸ **Méthodes de Chaîne** : `split()` pour analyser l'entrée utilisateur.
- ▸ **Méthodes de Liste** : `append()`, `remove()`.
- ▸ **Entrée Utilisateur** : `input()`.
- ▸ **Affichage** : `print()`.
- ▪ **Nouveaux Concepts** : Aucun (cet exercice renforce la manipulation de base des listes et le contrôle de flux).

Réflexion

- ▪ **Stratégies de Résolution de Problèmes** :

  1. **Représentation de la Liste de Courses** : Utiliser une liste pour stocker les articles de la liste de courses.
  2. **Boucle d'Entrée** : Utiliser une boucle `while` pour obtenir de manière répétée les commandes de l'utilisateur.
  3. **Analyse des Commandes** : Utiliser `input().split()` pour séparer la commande de l'article (le cas échéant).
  4. **Actions Conditionnelles** : Utiliser les instructions `if`, `elif` et `else` pour effectuer l'action appropriée en fonction de la commande.
  5. **Gestion des Erreurs** : Gérer les cas où l'utilisateur entre des commandes invalides ou essaie de supprimer un article qui ne se trouve pas dans la liste.

- ▪ **Pièges Potentiels** :

  - ▸ **Sensibilité à la Casse** : Être attentif à la casse lors de la comparaison des commandes (par exemple, « ajouter », « Ajouter », « AJOUTER »).
  - ▸ **IndexError** : Gérer les exceptions `IndexError` potentielles si l'utilisateur essaie d'accéder à des indices de liste invalides.

La Solution

Approches Possibles

- ▪ **Instructions `if` Multiples** : Utiliser des instructions `if` distinctes pour chaque commande.
- ▪ **Chaîne `if-elif-else`** : Utiliser une chaîne `if-elif-else` pour une logique conditionnelle plus organisée.
- ▪ **Dispatch Basé sur un Dictionnaire** : Utiliser un dictionnaire pour mapper les commandes aux fonctions, offrant une structure plus extensible.

Notre Approche

Nous utiliserons une chaîne `if-elif-else` pour sa clarté et sa simplicité dans ce cas précis.

Code Complet

```python
def panier_courses():
    liste_courses = [] #❶
    while True: #❷
        commande = input("Entrez une commande : ").split() #❸
        if not commande: #❹
            continue #❺

        action = commande[0].lower() #❻
        if action == "ajouter": #❼
            article = " ".join(commande[1:])  #❽
            liste_courses.append(article) #❾
        elif action == "supprimer": #❿
            article = " ".join(commande[1:]) #⓫
            try:
                liste_courses.remove(article) #⓬
            except ValueError:
                print(f"{article} n'est pas dans la liste de
courses.") #⓭
        elif action == "voir": #⓮
            print(liste_courses) #⓯
        elif action == "quitter": #⓰
            break #⓱
        else:
            print("Commande invalide.") #⓲
```

Explication du Code

❶ **Initialiser** `liste_courses` : Crée une liste vide pour stocker les articles de courses.

❷ **Boucle Principale** : Une boucle `while True` invite continuellement l'utilisateur à saisir des commandes.

❸ **Obtenir l'Entrée Utilisateur** : Obtient la commande de l'utilisateur et la divise en une liste de mots.

❹ **Gérer l'Entrée Vide** : Si l'utilisateur appuie simplement sur Entrée (commande vide),...

❺ **Passer à l'Itération Suivante** : ...passer à l'itération suivante de la boucle.

❻ **Extraire l'Action** : Extraire le premier mot (la commande) et le convertir en minuscules.

❼ **Commande "ajouter"** : Si l'action est "ajouter"...

❽ **Obtenir le Nom de l'Article** : ...joindre les mots restants pour obtenir le nom de l'article.

❾ **Ajouter l'Article à la Liste** : ...et ajouter l'article à la liste de courses.

⑩ Commande "supprimer" : Si l'action est "supprimer"...

⑪ Obtenir le Nom de l'Article : ...joindre les mots restants pour obtenir le nom de l'article.

⑫ Supprimer l'Article : ...essayer de supprimer l'article de la liste.

⑬ Gérer `ValueError` **:** Si l'article est introuvable, afficher un message d'erreur.

⑭ Commande "voir" : Si l'action est "voir"...

⑮ Afficher la Liste de Courses : ...afficher le contenu actuel de la liste de courses.

⑯ Commande "quitter" : Si l'action est "quitter"...

⑰ Sortir de la Boucle : ...sortir de la boucle, terminant le programme.

⑱ Commande Invalide : Si la commande n'est pas reconnue, afficher un message d'erreur.

Chasse au Trésor des Tuples

Les tuples, comme les listes, sont utilisés pour stocker des séquences d'éléments en Python. Cependant, contrairement aux listes, les tuples sont immuables, ce qui signifie que leurs éléments ne peuvent pas être modifiés après leur création. Cette immuabilité rend les tuples adaptés à la représentation de collections de données fixes. Le déballage de tuple est une fonctionnalité puissante de Python qui vous permet d'affecter les éléments d'un tuple à plusieurs variables en une seule ligne.

Dans cet exercice, nous explorerons le déballage de tuple et comment il peut simplifier votre code et le rendre plus lisible.

Le Défi

Écrivez une fonction Python appelée `deballer_tuple()` qui prend un tuple en entrée et renvoie les éléments individuels du tuple. Votre fonction doit gérer les tuples de différentes longueurs.

Exemple d'Entrée/Sortie

```
>>> deballer_tuple((1, 2, 3))
(1, 2, 3)

>>> deballer_tuple(('pomme', 'banane'))
('pomme', 'banane')

>>> deballer_tuple((10,))  # Notez la virgule finale pour un tuple à
un seul élément
(10,)

>>> deballer_tuple(())
()
```

Concepts Clés

- Connaissances Préalables :

- ▶ **Tuples** : Séquences ordonnées et immuables.
- ▶ **Fonctions** : Définir des fonctions, des paramètres, des valeurs de retour.
- ▶ **Affectation de Variables** : Affecter des valeurs aux variables.
- ■ **Nouveaux Concepts** : Déballage de tuple, l'opérateur * (étoile) pour le déballage.

Réflexion

- ■ **Stratégies de Résolution de Problèmes** :
  1. **Déballage Basique** : Nous pouvons déballer un tuple en l'affectant à une séquence de variables séparées par des virgules. Le nombre de variables doit correspondre à la longueur du tuple.
  2. **Déballage de Longueur Variable (Opérateur Étoile)** : L'opérateur * nous permet de déballer un nombre variable d'éléments dans une liste. Ceci est utile lorsque nous ne connaissons pas la longueur exacte du tuple à l'avance.
- ■ **Pièges Potentiels** :
  - ▶ **Nombre Incorrect de Variables** : Si le nombre de variables ne correspond pas à la longueur du tuple, une `ValueError` sera levée.
  - ▶ **Éléments Modifiables dans les Tuples** : Les tuples peuvent contenir des éléments modifiables (comme des listes). Le déballage de tuple crée des références, donc la modification des éléments modifiables déballés affectera le tuple d'origine.

La Solution

Approches Possibles

- ■ **Retourner Simplement l'Entrée** : L'approche la plus simple consiste à retourner directement le tuple d'entrée (`return mon_tuple`). Bien que cela produise techniquement la sortie correcte, cela ne démontre pas le concept de déballage de tuple, qui est l'objectif de cet exercice.
- ■ **Déballage Fixe** : Affecter le tuple à un nombre fixe de variables. Cela ne fonctionne que si la longueur du tuple est connue à l'avance.
- ■ **Déballage de Longueur Variable** : Utiliser l'opérateur étoile (*) pour déballer un nombre variable d'éléments dans une liste, offrant une flexibilité pour différentes longueurs de tuple.

Notre Approche

Nous utiliserons le déballage de longueur variable avec l'opérateur étoile pour gérer les tuples de n'importe quelle longueur. Cette approche est plus flexible et répond directement à l'objectif d'apprentissage de l'exercice, même si une solution plus simple peut sembler exister. L'objectif ici est de *pratiquer le déballage de tuple*, nous voulons donc démontrer cette technique explicitement.

Code Complet

```python
def deballer_tuple(mon_tuple):
    if len(mon_tuple) == 0: #❶
        return () #❷
    elif len(mon_tuple) == 1:
        return mon_tuple #❸

    *premiers_elements, dernier_element = mon_tuple #❹
    return (*premiers_elements, dernier_element) #❺
```

Explication du Code

❶ **Gérer les Tuples Vides et à un Seul Élément** : Les cas spéciaux sont traités en premier.

❷ **Retourner un Tuple Vide** : Si le tuple est vide, retourner un tuple vide.

❸ **Retourner le Tuple Lui-même** : Si le tuple ne contient qu'un seul élément, retourner le tuple lui-même.

❹ **Déballer avec l'Opérateur Étoile** : Pour les tuples avec deux éléments ou plus, nous utilisons l'opérateur étoile (*). *premiers_elements capture tous les éléments sauf le dernier dans une liste, et dernier_element reçoit le dernier élément.

❺ **Retourner les Éléments Déballés** : Les éléments déballés sont retournés sous forme de nouveau tuple. L'opérateur étoile reconvertit la liste premiers_elements en éléments individuels dans le tuple.

3. Structures de Données : Dictionnaires et Ensembles

Les dictionnaires et les ensembles sont des structures de données puissantes qui offrent des moyens efficaces de stocker et de récupérer des informations. Les dictionnaires stockent des paires clé-valeur, vous permettant d'accéder aux valeurs par leurs clés associées. Les ensembles, quant à eux, sont des collections non ordonnées d'éléments uniques, ce qui les rend idéaux pour des tâches telles que la suppression des doublons et l'exécution d'opérations sur les ensembles. Cette section vous montrera comment exploiter les capacités uniques des dictionnaires et des ensembles pour résoudre divers problèmes de programmation.

Analyseur de Fréquence des Mots

L'analyse des données textuelles implique souvent de déterminer la fréquence des mots. Il s'agit d'une tâche courante dans le traitement du langage naturel, l'exploration de données et de nombreuses autres applications. Dans cet exercice, nous allons construire une fonction Python pour compter les occurrences de chaque mot dans une chaîne de caractères.

Le Défi

Écrivez une fonction Python appelée `frequence_mots()` qui prend une chaîne de caractères en entrée et renvoie un dictionnaire où les clés sont les mots de la chaîne et les valeurs sont leurs fréquences correspondantes.

Exemple d'Entrée/Sortie

```
>>> frequence_mots("ceci est un test de chaîne. ceci est un test.")
{'ceci': 2, 'est': 2, 'un': 2, 'test': 2, 'de': 1, 'chaîne': 1}
```

Concepts Clés

- **Connaissances Préalables :**
    - ▶ **Chaînes de caractères :** Séquences de caractères.
    - ▶ **Dictionnaires :** Paires clé-valeur.
    - ▶ **Boucles :** Itérer à travers des chaînes ou des listes.
    - ▶ **Méthodes de Chaîne :** `lower()`, `split()`.
    - ▶ **Méthodes de Dictionnaire :** `get()`.
- **Nouveaux Concepts :** Utiliser des dictionnaires pour stocker et mettre à jour les comptes.

Réflexion

- **Stratégies de Résolution de Problèmes :**

  1. **Prétraitement des Chaînes :** Convertir la chaîne d'entrée en minuscules pour assurer un comptage insensible à la casse. Diviser la chaîne en une liste de mots.
  2. **Comptage avec un Dictionnaire :** Itérer à travers la liste de mots. Pour chaque mot, vérifier s'il est déjà une clé dans le dictionnaire. Si c'est le cas, incrémenter son compte ; sinon, l'ajouter comme nouvelle clé avec un compte de 1.
  3. **Retourner le Dictionnaire :** Après avoir traité tous les mots, retourner le dictionnaire contenant les fréquences des mots.

- **Pièges Potentiels :**

  - **Ponctuation :** Gérer les signes de ponctuation qui pourraient être attachés aux mots (par exemple, « test. », « test, »).
  - **Chaînes Vides :** Gérer les chaînes vides potentielles qui pourraient résulter de plusieurs espaces ou d'espaces de début/fin.

La Solution

Approches Possibles

- `collections.Counter` : La classe `collections.Counter` de Python fournit un moyen concis de compter les fréquences des mots. Cependant, nous allons implémenter notre propre logique de comptage à des fins pédagogiques.
- **Boucles et Mises à Jour de Dictionnaire :** Itérer à travers les mots, mettre à jour manuellement les comptes du dictionnaire. Cette approche démontre les concepts fondamentaux de la manipulation des dictionnaires.

Notre Approche

Nous utiliserons des boucles et des mises à jour de dictionnaire pour démontrer la logique du comptage des fréquences des mots.

Code Complet

```python
import string #❶

def frequence_mots(texte):
    comptes_mots = {} #❷
    # Supprimer la ponctuation et convertir en minuscules
    texte_sans_ponctuation = texte.translate(str.maketrans('', '',
string.punctuation)) #❸
    mots = texte_sans_ponctuation.lower().split() #❹
```

```
    for mot in mots: #❺
        comptes_mots[mot] = comptes_mots.get(mot, 0) + 1 #❻
    return comptes_mots #❼
```

Explication du Code

❶ **Importer le Module** `string` : Nous importons le module `string` pour accéder à la constante `string.punctuation`, qui contient une chaîne de caractères de ponctuation courants.

❷ **Initialiser** `comptes_mots` : Un dictionnaire vide `comptes_mots` est créé.

❸ **Supprimer la Ponctuation** :

- ▸ `str.maketrans('', '', string.punctuation)` crée une table de traduction qui mappe chaque caractère de ponctuation à une chaîne vide (les supprimant efficacement).

- ▸ `texte.translate(...)` applique cette table de traduction au texte d'entrée, supprimant tous les signes de ponctuation.

❹ **Prétraiter le Texte** : Le texte sans ponctuation est converti en minuscules et divisé en mots.

❺ **Parcourir les Mots** : Une boucle `for` parcourt chaque `mot`.

❻ **Mettre à Jour le Compte** : Les comptes de mots sont mis à jour dans le dictionnaire. `comptes_mots.get(mot, 0)` récupère le compte actuel du `mot` (ou 0 s'il n'existe pas encore), puis 1 est ajouté à ce compte.

❼ **Retourner** `comptes_mots` : La fonction retourne le dictionnaire des fréquences des mots.

Répertoire Téléphonique Numérique

Les répertoires téléphoniques sont un exemple classique de la façon dont nous utilisons les dictionnaires pour stocker et récupérer des informations. Dans cet exercice, nous allons créer une simple application de répertoire téléphonique numérique à l'aide d'un dictionnaire Python. Cela nous permettra de stocker et de récupérer les informations de contact en utilisant les noms comme clés.

Le Défi

Créez un programme Python qui simule un répertoire téléphonique numérique. Le programme doit permettre aux utilisateurs d'effectuer les actions suivantes :

- `ajouter [nom] [numéro]` : Ajoute un nouveau contact au répertoire. Si le nom existe déjà, mettez à jour le numéro.
- `rechercher [nom]` : Récupère le numéro de téléphone associé au nom donné. Si le nom est introuvable, affichez un message approprié.
- `voir` : Affiche tous les contacts du répertoire.
- `quitter` : Quitte le programme.

Exemple d'Entrée/Sortie

```
Entrez une commande : ajouter Alice 0123456789
Entrez une commande : ajouter Bob 0987654321
Entrez une commande : rechercher Alice
0123456789
Entrez une commande : voir
{'Alice': '0123456789', 'Bob': '0987654321'}
Entrez une commande : quitter
```

Concepts Clés

- Connaissances Préalables :

  - ▶ **Dictionnaires** : Paires clé-valeur.
  - ▶ **Boucles** : Boucles `while`.
  - ▶ **Instructions Conditionnelles** : `if`, `elif`, `else`.
  - ▶ **Méthodes de Chaîne** : `split()`.
  - ▶ **Entrée Utilisateur** : `input()`.
  - ▶ **Affichage** : `print()`.
- **Nouveaux Concepts** : Aucun (renforce la manipulation des dictionnaires et le contrôle de flux).

Réflexion

- Stratégies de Résolution de Problèmes :

  1. **Représentation du Répertoire** : Utiliser un dictionnaire pour stocker les entrées du répertoire, avec les noms comme clés et les numéros comme valeurs.
  2. **Boucle d'Entrée** : Utiliser une boucle `while` pour inviter l'utilisateur à plusieurs reprises à saisir des commandes.
  3. **Analyse des Commandes** : Utiliser `input().split()` pour analyser la commande et ses arguments.
  4. **Actions Conditionnelles** : Utiliser des instructions conditionnelles pour exécuter l'action appropriée en fonction de la commande.
  5. **Gestion des Erreurs** : Gérer les commandes invalides ou les recherches de noms inexistants.
- Pièges Potentiels :

  - ▶ **Sensibilité à la Casse** : Tenez compte de la façon dont vous allez gérer la sensibilité à la casse pour les noms (par exemple, « Alice » vs « alice »).
  - ▶ **Noms Dupliqués** : Décidez si vous autorisez les noms dupliqués ou si vous mettez à jour le numéro si un nom existe déjà.

La Solution

Approches Possibles

- `if-elif-else` **pour les Commandes** : Utiliser une chaîne d'instructions `if-elif-else` pour gérer chaque commande.
- **Dispatch par Dictionnaire** : Mapper les commandes aux fonctions pour une conception plus extensible.

Notre Approche

Nous utiliserons l'approche `if-elif-else` pour sa simplicité et sa clarté dans cet exercice particulier. Nous autoriserons également les noms dupliqués et mettrons simplement à jour le numéro associé.

Code Complet

```
def repertoire_telephonique():
    repertoire = {} #❶
    while True: #❷
        commande = input("Entrez une commande : ").split() #❸
        if not commande: #❹
            continue

        action = commande[0].lower() #❺
        if action == "ajouter": #❻
            nom = commande[1] #❼
            numero = commande[2] #❽
            repertoire[nom] = numero #❾
            print(f"Ajout/Mise à jour de {nom} avec le numéro
{numero}")
        elif action == "rechercher": #❿
            nom = commande[1] #⓫
            if nom in repertoire: #⓬
                print(repertoire[nom]) #⓭
            else: #⓮
                print(f"{nom} non trouvé dans le répertoire.")
        elif action == "voir": #⓯
            print(repertoire) #⓰
        elif action == "quitter": #⓱
            break #⓲
        else:
            print("Commande invalide.") #⓳
```

Explication du Code

❶ **Initialiser** `repertoire` : Crée un dictionnaire vide pour stocker les contacts.

❷ **Boucle Principale** : Invite continuellement à saisir des commandes.

❸ **Obtenir l'Entrée Utilisateur** : Obtient et divise la commande.

❹ **Gérer l'Entrée Vide** : Ignore les commandes vides.

❺ **Extraire l'Action** : Obtient la commande (premier mot).

❻ Commande "ajouter" : Gère l'ajout ou la mise à jour des contacts.

❼ Obtenir le Nom : Extrait le nom du contact.

❽ Obtenir le Numéro : Extrait le numéro du contact.

❾ Ajouter/Mettre à Jour le Contact : Ajoute ou met à jour l'entrée dans `repertoire`.

❿ Commande "rechercher" : Gère la recherche de contact.

⓫ Obtenir le Nom à Rechercher : Extrait le nom à rechercher.

⓬ Vérifier si le Nom Existe : Vérifie si le nom est dans `repertoire`.

⓭ Afficher le Numéro : Si trouvé, affiche le numéro.

⓮ Nom Introuvable : Si non trouvé, affiche un message.

⓯ Commande "voir" : Gère l'affichage de tous les contacts.

⓰ Afficher le Répertoire : Affiche l'intégralité du `repertoire`.

⓱ Commande "quitter" : Gère la sortie.

⓲ Sortir de la Boucle : Sort de la boucle.

⓳ Commande Invalide : Gère les commandes non reconnues.

Détective d'Anagrammes

Les anagrammes sont des mots ou des phrases formés en réarrangeant les lettres d'un autre mot ou d'une autre phrase. Déterminer si deux chaînes de caractères sont des anagrammes l'une de l'autre est un défi de codage classique qui implique la manipulation de chaînes, le comptage de caractères et des comparaisons.

Le Défi

Écrivez une fonction Python appelée `est_anagramme()` qui prend deux chaînes de caractères en entrée et renvoie `True` si elles sont des anagrammes l'une de l'autre, et `False` sinon. Prenez en compte les anagrammes insensibles à la casse (par exemple, "écouter" et "coulée" sont des anagrammes).

Exemple d'Entrée/Sortie

```
>>> est_anagramme("écouter", "coulée")
True

>>> est_anagramme("bonjour", "monde")
False

>>> est_anagramme("Carte de débit", "Mauvais crédit")  # Exemple avec
des espaces
True

>>> est_anagramme("Dormitoire", "Salle sale") # Exemple qui devrait
renvoyer True
True
```

Concepts Clés

- Connaissances Préalables :
  - **Chaînes de caractères** : Séquences de caractères.

- ► **Dictionnaires :** Paires clé-valeur (pour le comptage des caractères).
- ► **Boucles :** Itérer à travers les chaînes.
- ► **Méthodes de Chaîne :** `lower()`.
- ► **Méthodes de Dictionnaire :** `get()`.
- ► **Instructions Conditionnelles :** `if/else`.

- **Nouveaux Concepts :** Comptage de caractères à l'aide de dictionnaires.

Réflexion

- **Stratégies de Résolution de Problèmes :**

  1. **Comparaison Insensible à la Casse :** Convertir les deux chaînes en minuscules à l'aide de `.lower()` pour gérer les anagrammes insensibles à la casse.
  2. **Comptage de Caractères :** Créer des dictionnaires pour stocker le nombre de caractères pour chaque chaîne. Itérer à travers chaque chaîne et mettre à jour le nombre de caractères dans le dictionnaire correspondant.
  3. **Comparaison :** Comparer les deux dictionnaires de comptage de caractères. S'ils sont identiques, les chaînes sont des anagrammes.
  4. **Gestion des Espaces Blancs :** Ignorer les espaces et autres caractères d'espacement lors de la détermination si les chaînes sont des anagrammes.

- **Pièges Potentiels :**

  - ► **Sensibilité à la Casse :** N'oubliez pas de convertir en minuscules pour l'insensibilité à la casse.
  - ► **Efficacité :** Tenez compte de l'efficacité de votre approche, en particulier pour les grandes chaînes.

La Solution

Approches Possibles

- **Tri :** Trier les caractères des deux chaînes et comparer les chaînes triées. Simple mais moins efficace (O(n log n) pour le tri).
- **Comptage de Caractères avec des Dictionnaires :** Compter les fréquences des caractères dans les dictionnaires et comparer les dictionnaires. Plus efficace (O(n)).
- `collections.Counter` : Utiliser la classe `Counter` de Python, conçue pour compter les objets hachables. C'est l'approche la plus concise et la plus pythonique.

Notre Approche

Nous utiliserons le comptage de caractères avec des dictionnaires pour démontrer clairement la logique, même si `collections.Counter` offre une solution plus concise.

Code Complet

```python
def est_anagramme(chaine1, chaine2):
    chaine1 = chaine1.lower() #❶
    chaine2 = chaine2.lower() #❷

    chaine1 = chaine1.replace(" ", "") #❸
    chaine2 = chaine2.replace(" ", "") #❹


    comptes_car1 = {} #❺
    comptes_car2 = {} #❻

    for car in chaine1: #❼ Parcourir la chaîne 1
        comptes_car1[car] = comptes_car1.get(car, 0) + 1 #❽
    for car in chaine2: #❾ Parcourir la chaîne 2
        comptes_car2[car] = comptes_car2.get(car, 0) + 1 #❿

    return comptes_car1 == comptes_car2 #⓫
```

Explication du Code

❶ **Convertir** `chaine1` **en Minuscules** : Convertir la première chaîne en minuscules.

❷ **Convertir** `chaine2` **en Minuscules** : Convertir la deuxième chaîne en minuscules.

❸ **Supprimer les Espaces de** `chaine1` : Supprimer les espaces de la première chaîne.

❹ **Supprimer les Espaces de** `chaine2` : Supprimer les espaces de la deuxième chaîne.

❺ **Initialiser** `comptes_car1` : Créer un dictionnaire pour stocker le nombre de caractères pour la prmière chaîne.

❻ **Initialiser** `comptes_car2` : Créer un dictionnaire pour le nombre de caractères de la deuxième chaîne.

❼ **Parcourir** `chaine1` : Parcourir chaque caractère de la première chaîne.

❽ **Compter les Caractères dans** `chaine1` : Mettre à jour le nombre de caractères dans `comptes_car1`.

❾ **Parcourir** `chaine2` : Parcourir la deuxième chaîne.

❿ **Compter les Caractères dans** `chaine2` : Mettre à jour le nombre de caractères dans `comptes_car2`.

⓫ **Comparer les Dictionnaires** : Retourner `True` si les dictionnaires sont égaux (ce qui signifie que les chaînes sont des anagrammes), `False` sinon.

EXERCICE 14:

La Puissance des Ensembles !

Les ensembles (Sets) sont une structure de données puissante en Python qui offrent des moyens efficaces de travailler avec des collections d'éléments uniques. Comprendre les opérations sur les ensembles comme l'union, l'intersection et la différence est essentiel pour des tâches telles que l'analyse de données, la déduplication et les tests d'appartenance. Dans cet exercice, nous explorerons ces opérations sur les ensembles et comment les utiliser efficacement.

Le Défi

Écrivez une fonction Python appelée `operations_ensembles()` qui prend deux ensembles, `ensemble1` et `ensemble2`, en entrée et renvoie un dictionnaire contenant les résultats des opérations sur les ensembles suivants :

- `union` : L'union de `ensemble1` et `ensemble2`.
- `intersection` : L'intersection de `ensemble1` et `ensemble2`.
- `difference` : La différence entre `ensemble1` et `ensemble2` (éléments dans `ensemble1` mais pas dans `ensemble2`).
- `difference_symetrique` : La différence symétrique de `ensemble1` et `ensemble2` (éléments dans `ensemble1` ou `ensemble2`, mais pas dans les deux).

Exemple d'Entrée/Sortie

```
>>> ensemble1 = {1, 2, 3}
>>> ensemble2 = {3, 4, 5}
>>> operations_ensembles(ensemble1, ensemble2)
{'union': {1, 2, 3, 4, 5}, 'intersection': {3}, 'difference': {1, 2},
'difference_symetrique': {1, 2, 4, 5}}
```

Concepts Clés

- **Connaissances Préalables :**

  ▶ **Ensembles :** Collections non ordonnées d'éléments uniques.
  ▶ **Dictionnaires :** Paires clé-valeur.

- ▸ **Fonctions** : Définir des fonctions, des paramètres, des valeurs de retour.
- **Nouveaux Concepts** : Opérations sur les ensembles (union, intersection, différence, différence symétrique).

Réflexion

- **Stratégies de Résolution de Problèmes** :
  1. **Opérations sur les Ensembles** : Utiliser les méthodes ou les opérateurs d'ensemble correspondants (|, &, -, ^) pour effectuer les opérations sur les ensembles.
  2. **Construction de Dictionnaire** : Créer un dictionnaire pour stocker les résultats, avec les noms des opérations comme clés et les ensembles résultants comme valeurs.
- **Pièges Potentiels** :
  - ▸ **Éléments Modifiables dans les Ensembles** : Les ensembles ne peuvent contenir que des éléments immuables (hachables). Si les ensembles d'entrée contiennent des éléments modifiables (comme des listes), vous devrez gérer cela séparément ou vous assurer que les entrées sont valides.

La Solution

Approches Possibles

- **Utiliser les Méthodes d'Ensemble** : Utiliser les méthodes d'ensemble union(), intersection(), difference() et symmetric_difference().
- **Utiliser les Opérateurs d'Ensemble** : Utiliser les opérateurs d'ensemble |, &, - et ^, qui sont équivalents aux méthodes correspondantes et souvent plus concis.

Notre Approche

Nous utiliserons les opérateurs d'ensemble pour leur concision et leur lisibilité.

Code Complet

```python
def operations_ensembles(ensemble1, ensemble2):
    return { #❶
        'union': ensemble1 | ensemble2, #❷
        'intersection': ensemble1 & ensemble2, #❸
        'difference': ensemble1 - ensemble2, #❹
        'difference_symetrique': ensemble1 ^ ensemble2, #❺
    }
```

Explication du Code

❶ Construire et Retourner le Dictionnaire : Nous construisons et retournons directement le dictionnaire contenant les résultats des opérations sur les ensembles.

❷ Union : `ensemble1 | ensemble2` calcule l'union des deux ensembles (tous les éléments de l'un ou l'autre ensemble).

❸ Intersection : `ensemble1 & ensemble2` calcule l'intersection (éléments communs aux deux ensembles).

❹ Différence : `ensemble1 - ensemble2` calcule la différence (éléments dans `ensemble1` mais pas dans `ensemble2`).

❺ Différence Symétrique : `ensemble1 ^ ensemble2` calcule la différence symétrique (éléments dans l'un ou l'autre ensemble, mais pas dans les deux).

Système de Gestion des Stocks Python

La gestion des stocks est une tâche courante dans de nombreuses entreprises et organisations. Dans cet exercice, nous allons créer un système de gestion des stocks simplifié à l'aide de dictionnaires Python pour suivre les articles et leurs quantités. Cela vous permettra de vous exercer à travailler avec les dictionnaires, les boucles et les entrées utilisateur pour créer un programme de gestion des stocks basique mais fonctionnel.

Le Défi

Créez un programme Python qui simule un système de gestion des stocks. Le programme doit permettre aux utilisateurs d'effectuer les actions suivantes :

- `ajouter [article] [quantité]` : Ajoute l'article et la quantité spécifiés à l'inventaire. Si l'article existe déjà, augmentez la quantité en conséquence.
- `supprimer [article] [quantité]` : Supprime la quantité spécifiée de l'article donné de l'inventaire. Si la quantité à supprimer est supérieure à la quantité actuelle, supprimez entièrement l'article.
- `voir` : Affiche l'inventaire actuel.
- `quitter` : Quitte le programme.

Exemple d'Entrée/Sortie

```
Entrez une commande : ajouter pommes 5
Entrez une commande : ajouter bananes 10
Entrez une commande : ajouter pommes 3
Entrez une commande : voir
{'pommes': 8, 'bananes': 10}
Entrez une commande : supprimer bananes 5
Entrez une commande : voir
{'pommes': 8, 'bananes': 5}
```

```
Entrez une commande : supprimer pommes 10
Entrez une commande : voir
{'bananes': 5}
Entrez une commande : quitter
```

Concepts Clés

- **Connaissances Préalables** : Dictionnaires, Boucles, Instructions Conditionnelles, Méthodes de Chaîne (split()), Entrée Utilisateur (input()), Affichage (print()), Méthodes de Dictionnaire (get(), pop()).

- **Nouveaux Concepts** : Aucun (cet exercice renforce la manipulation des dictionnaires et le flux du programme).

Réflexion

- **Stratégies de Résolution de Problèmes** : Utiliser un dictionnaire pour représenter l'inventaire, une boucle while pour l'entrée, input().split() pour l'analyse, if-elif-else pour les actions et la gestion des erreurs pour les entrées invalides.

- **Pièges Potentiels** : Conversion de type (chaîne en entier), KeyError pour les articles inexistants.

La Solution

Approches Possibles

- if-elif-else : Clair et direct pour la gestion des commandes.
- **Dispatch par Dictionnaire** : Une approche plus extensible, mais potentiellement plus complexe pour cet exercice.

Notre Approche

Nous utiliserons if-elif-else pour plus de clarté et de simplicité.

Code Complet

```python
def systeme_inventaire():
    inventaire = {} #❶
    while True: #❷
        commande = input("Entrez une commande : ").split() #❸
        if not commande: # Gérer l'entrée vide
            continue
```

```
        action = commande[0].lower() #❹
        if action == "ajouter": #❺
            article = commande[1]
            quantite = int(commande[2])
            inventaire[article] = inventaire.get(article, 0) +
quantite
        elif action == "supprimer": #❻
            article = commande[1]
            quantite = int(commande[2])
            if article in inventaire:
                if quantite >= inventaire[article]: #❼
                    inventaire.pop(article)
                else:
                    inventaire[article] -= quantite
            else:
                print(f"{article} non trouvé dans l'inventaire.")
        elif action == "voir": #❽
            print(inventaire) #❾
        elif action == "quitter": #❿
            break #⓫
        else: #⓬
            print("Commande invalide.") #⓭
```

Explication du Code

❶ **Initialiser l'Inventaire** : Un dictionnaire vide `inventaire` stocke les articles et les quantités.

❷ **Boucle Principale d'Entrée** : Une boucle `while True` obtient continuellement les commandes de l'utilisateur.

❸ **Obtenir et Analyser la Commande** : Obtient l'entrée utilisateur, la divise en une liste de mots et la stocke dans `commande`.

❹ **Traiter la Commande** : Extrait l'action et la convertit en minuscules. **Gère les entrées vides à l'aide de** `if not command`.

❺ **Commande "ajouter"** : Ajoute ou met à jour l'article avec la quantité spécifiée.

❻ **Commande "supprimer"** : Supprime la quantité spécifiée d'un `article`.

❼ **Supprimer ou Diminuer** : Supprime entièrement l'article si la quantité est suffisante ; sinon, diminue la quantité. Gère `KeyError`.

❽ **Commande "voir"** : Si l'action est "voir",...

❾ Afficher l'Inventaire : ...affiche l'inventaire actuel.

❿ Commande "quitter" : Si la commande est "quitter",...

⓫ Sortir de la Boucle : ...sort de la boucle à l'aide de `break`.

⓬ Commande Invalide : Si la commande n'est pas reconnue...

⓭ Afficher un Message d'Erreur : ...affiche "Commande invalide."

4. Fonctions

Les fonctions sont les éléments constitutifs du code réutilisable. Elles vous permettent d'encapsuler une tâche spécifique ou un ensemble d'opérations dans un bloc nommé, qui peut ensuite être appelé plusieurs fois dans votre programme. Cette section explore comment définir des fonctions, passer des arguments, retourner des valeurs et utiliser des fonctions pour structurer efficacement votre code.

EXERCICE 16:

Construisez vos Propres Fonctions

Les fonctions sont les éléments constitutifs du code réutilisable en Python. Elles vous permettent d'encapsuler une tâche ou un ensemble d'opérations spécifiques dans un bloc nommé, qui peut ensuite être appelé plusieurs fois dans votre programme. Comprendre comment définir et utiliser les fonctions est essentiel pour écrire un code bien structuré, maintenable et efficace.

Le Défi

Écrivez une fonction Python appelée `saluer()` qui prend le `nom` d'une personne en entrée et affiche un message de salutation personnalisé. Ensuite, créez une deuxième fonction appelée `saluer_plusieurs()` qui prend une liste de `noms` et utilise la fonction `saluer()` pour saluer chaque personne individuellement.

Exemple d'Entrée/Sortie

```
>>> saluer("Alice")
Bonjour, Alice !

>>> saluer_plusieurs(["Alice", "Bob", "Charlie"])
Bonjour, Alice !
Bonjour, Bob !
Bonjour, Charlie !
```

Concepts Clés

- **Connaissances Préalables** : Syntaxe Python de base, affichage avec `print()`.
- **Nouveaux Concepts** :
  - **Définition de Fonctions** : Utiliser le mot-clé `def` pour créer des fonctions.
  - **Paramètres de Fonction** : Passer des valeurs d'entrée aux fonctions.

- ▶ **Appel de Fonctions** : Exécuter une fonction en utilisant son nom suivi de parenthèses.
- ▶ **Boucles avec Fonctions** : Utiliser des fonctions à l'intérieur de boucles.

Réflexion

- ▪ **Stratégies de Résolution de Problèmes** :

  1. **Fonction** `saluer()` : Définir une fonction qui prend un paramètre `nom` et affiche la salutation.
  2. **Fonction** `saluer_plusieurs()` : Définir une fonction qui prend une liste de `noms`. Utiliser une boucle pour parcourir la liste et appeler la fonction `saluer()` pour chaque nom.

- ▪ **Pièges Potentiels** :

  - ▶ **Fonction vs Appel de Fonction** : Se souvenir de la différence entre définir une fonction (`def saluer(): ...`) et appeler une fonction (`saluer()`).
  - ▶ **Boucles** : S'assurer que votre boucle dans `saluer_plusieurs()` parcourt tous les noms de la liste.

La Solution

Approches Possibles

- ▪ **Affichage Direct dans** `saluer_plusieurs()` : Nous pourrions afficher les salutations directement à l'intérieur de la fonction `saluer_plusieurs()` sans appeler une fonction `saluer()` séparée. Cependant, cette approche ne démontrerait pas le concept de réutilisation des fonctions, qui est un aspect clé de cet exercice.
- ▪ **Fonction** `saluer()` **Séparée** : Définir une fonction `saluer()` séparée et l'appeler depuis `saluer_plusieurs()` favorise la réutilisabilité et la modularité du code.

Notre Approche

Nous allons définir une fonction `saluer()` séparée et l'appeler depuis `saluer_plusieurs()` pour illustrer la réutilisation et la modularité des fonctions.

Code Complet

```
def saluer(nom): #❶
    print(f"Bonjour, {nom} !") #❷

def saluer_plusieurs(noms): #❸
    for nom in noms: #❹
        saluer(nom) #❺
```

Explication du Code

❶ Définir `saluer()` : La fonction `saluer()` prend un paramètre nom.

❷ Afficher la Salutation : À l'intérieur de `saluer()`, une salutation personnalisée est affichée à l'aide d'une f-string.

❸ Définir `saluer_plusieurs()` : La fonction `saluer_plusieurs()` prend une liste de noms.

❹ Boucle à Travers les Noms : Une boucle `for` parcourt chaque nom dans la liste noms.

❺ Appeler `saluer()` : À l'intérieur de la boucle, la fonction `saluer()` est appelée avec le nom actuel comme argument, affichant une salutation pour chaque personne.

Fonctions avec Options

Les arguments par défaut en Python vous permettent de spécifier des paramètres optionnels pour vos fonctions, offrant ainsi de la flexibilité et rendant votre code plus adaptable à différentes situations. Dans cet exercice, nous explorerons comment utiliser efficacement les arguments par défaut.

Le Défi

Écrivez une fonction Python appelée `puissance()` qui prend deux arguments :

1. `base` : Le nombre de base (un entier ou un nombre à virgule flottante).
2. `exposant` : L'exposant (un entier ou un nombre à virgule flottante). Cet argument doit avoir une valeur par défaut de 2.

La fonction doit retourner le résultat de l'élévation de `base` à la puissance `exposant`.

Exemple d'Entrée/Sortie

```
>>> puissance(3, 2)  # 3 au carré
9

>>> puissance(2, 3) # 2 au cube
8

>>> puissance(5) # 5 au carré (l'exposant est par défaut 2)
25

>>> puissance(4, exposant=3) # Définition explicite de l'exposant
64
```

Concepts Clés

- **Connaissances Préalables** : Fonctions, paramètres, valeurs de retour, opérateurs arithmétiques (exponentiation **).

- **Nouveaux Concepts** : Arguments par défaut.

Réflexion

- **Stratégies de Résolution de Problèmes :**
  1. **Définition de la Fonction** : Définir la fonction `puissance()` avec les paramètres `base` et `exposant`. Affecter une valeur par défaut de 2 à `exposant`.
  2. **Calcul** : À l'intérieur de la fonction, calculer `base` élevé à la puissance `exposant` à l'aide de l'opérateur `**`.
  3. **Valeur de Retour** : Retourner le résultat calculé.
- **Pièges Potentiels :**
  - **Arguments par Défaut Modifiables** : Évitez d'utiliser des objets modifiables (comme des listes ou des dictionnaires) comme arguments par défaut, car ils peuvent entraîner un comportement inattendu. (Nous aborderons cela plus en détail dans un exercice ultérieur.)

La Solution

Approches Possibles

- **Logique Conditionnelle** : Nous pourrions utiliser une instruction `if` pour vérifier si `exposant` est fourni. Sinon, le définir à 2. Cependant, l'utilisation d'un argument par défaut directement dans la définition de la fonction est plus concise et plus pythonique.
- **Argument par Défaut** : Affecter la valeur par défaut de 2 au paramètre `exposant` dans la définition de la fonction.

Notre Approche

Nous utiliserons un argument par défaut pour sa concision et sa lisibilité.

Code Complet

```
def puissance(base, exposant=2): #❶
    resultat = base ** exposant #❷
    return resultat #❸
```

Explication du Code

❶ **Argument par Défaut** : Le paramètre `exposant` reçoit une valeur par défaut de 2. Si l'appelant ne fournit pas de valeur pour `exposant`, il sera automatiquement défini à 2.

❷ **Calculer la Puissance** : L'opérateur `**` élève `base` à la puissance `exposant`.

❸ **Retourner le Résultat** : Le `resultat` calculé est retourné.

EXERCICE 18:

Fermeture de Compteur

Les fermetures (closures) sont une fonctionnalité puissante en Python qui permet aux fonctions internes d'accéder et de modifier les variables de la portée de leur fonction englobante (externe), même après que la fonction externe a fini de s'exécuter. Ce comportement peut être surprenant si vous n'êtes pas familier avec les fermetures, mais c'est un concept essentiel pour comprendre comment fonctionne la portée en Python.

Le Défi

Écrivez une fonction Python appelée `creer_compteur()` qui crée et retourne une fonction compteur. La fonction compteur doit incrémenter un compteur à chaque fois qu'elle est appelée et retourner le compteur actuel.

Exemple d'Entrée/Sortie

```
>>> compteur1 = creer_compteur()
>>> compteur2 = creer_compteur()

>>> compteur1()
1
>>> compteur1()
2
>>> compteur2()
1
>>> compteur1()
3
>>> compteur2()
2
```

Concepts Clés

- **Connaissances Préalables :** Fonctions, fonctions imbriquées, valeurs de retour.

- **Nouveaux Concepts :** Fermetures, le mot-clé `nonlocal` (Python 3 uniquement).

Réflexion

- **Stratégies de Résolution de Problèmes :**

  1. **Fonction Imbriquée** : Définir une fonction interne (`compteur()`) à l'intérieur de la fonction externe (`creer_compteur()`).
  2. **Variable Compteur** : Initialiser une variable `compteur` dans la portée de la fonction externe.
  3. **Incrémenter et Retourner** : À l'intérieur de la fonction interne, incrémenter la variable `compteur` et retourner sa valeur.
  4. **Retourner la Fonction Interne** : La fonction externe doit retourner la fonction interne `compteur()`.
  5. `nonlocal` **(Python 3)** : En Python 3, utiliser le mot-clé `nonlocal` dans la fonction interne pour indiquer que vous avez l'intention de modifier une variable dans la portée englobante. Ce n'est pas nécessaire en Python 2, où les fonctions internes peuvent modifier les variables externes par défaut.

- **Pièges Potentiels :**

  - **Global vs. Nonlocal** : Si vous utilisez le mot-clé `global` au lieu de `nonlocal`, vous modifierez une variable globale, ce qui n'est pas ce que nous voulons dans cet exercice.

La Solution

Approches Possibles

- **Fermeture** : Utiliser une fonction imbriquée pour créer une fermeture. C'est l'approche standard et recommandée pour créer des compteurs et des fonctions à état similaires en Python.
- **Compteur Basé sur une Classe** : Nous pourrions créer une classe pour encapsuler l'état et la fonctionnalité du compteur. Cependant, l'utilisation d'une fermeture est généralement plus simple et plus concise pour ce type de problème.

Notre Approche

Nous utiliserons une fermeture pour démontrer comment créer des fonctions à état avec des variables englobées.

Code Complet

```
def creer_compteur(): #❶
    compteur = 0 #❷
    def compteur(): #❸
        nonlocal compteur #❹ Nécessaire pour Python 3
        compteur += 1 #❺
```

```
        return compteur #❻
    return compteur #❼
```

Explication du Code

❶ `creer_compteur()` **(Fonction Externe)** : Cette fonction crée et retourne la fonction compteur.

❷ **Initialiser** `compteur` : `compteur` est initialisé à 0 dans la portée de la fonction externe. Cette variable sera englobée par la fonction interne.

❸ `compteur()` **(Fonction Interne)** : Cette fonction imbriquée est le compteur réel.

❹ `nonlocal compteur` **(Python 3 Uniquement)** : En Python 3, le mot-clé `nonlocal` est crucial. Il indique que `compteur` fait référence à la variable dans la portée de la fonction englobante, et non à une nouvelle variable locale. Sans `nonlocal`, Python 3 créerait une variable locale `compteur`, et le compteur ne fonctionnerait pas comme prévu. Cette ligne n'est pas nécessaire en Python 2.

❺ **Incrémenter** `compteur` : Chaque fois que `compteur()` est appelé, la variable englobée `compteur` est incrémentée.

❻ **Retourner** `compteur` : La valeur actuelle de `compteur` est retournée.

❼ **Retourner la Fonction** `compteur` : La fonction externe retourne la fonction interne `compteur()`. C'est ainsi que la fermeture est créée. La fonction retournée « se souvient » de la variable englobée `compteur`.

Aventures Récursives

La Tour de Hanoï est un casse-tête mathématique classique qui consiste à déplacer une pile de disques d'une tige à une autre, en utilisant une troisième tige comme intermédiaire, tout en suivant des règles spécifiques. Ce casse-tête est un excellent exemple de problème qui peut être résolu élégamment en utilisant la récursion. Cet exercice vous mettra au défi d'implémenter une solution récursive à la Tour de Hanoï et de visualiser comment la récursion décompose un problème complexe en étapes plus petites et gérables.

Le Défi

Écrivez une fonction Python appelée `tour_de_hanoi()` qui prend quatre arguments :

1. `n` : Le nombre de disques (un entier positif).
2. `source` : Le nom de la tige source (une chaîne de caractères).
3. `destination` : Le nom de la tige de destination (une chaîne de caractères).
4. `auxiliaire` : Le nom de la tige auxiliaire (une chaîne de caractères).

La fonction doit afficher les étapes nécessaires pour résoudre le casse-tête, en déplaçant les disques de la tige `source` vers la tige `destination`. Chaque mouvement doit être affiché au format : « Déplacer le disque 1 de A vers C ».

Exemple d'Entrée/Sortie

```
>>> tour_de_hanoi(3, "A", "C", "B")
Déplacer le disque 1 de A vers C
Déplacer le disque 2 de A vers B
Déplacer le disque 1 de C vers B
Déplacer le disque 3 de A vers C
Déplacer le disque 1 de B vers A
Déplacer le disque 2 de B vers C
Déplacer le disque 1 de A vers C
```

Concepts Clés

- **Connaissances Préalables :** Fonctions, paramètres, affichage.

- **Nouveaux Concepts :** Récursion, cas de base, étape récursive.

Réflexion

- **Stratégies de Résolution de Problèmes :**

  1. **Cas de Base :** Si n (le nombre de disques) est 1, déplacez simplement le disque de la source vers la destination.
  2. **Étape Récursive :** Si n > 1, suivez ces étapes :
     ▷ Déplacer n-1 disques de la source vers la tige auxiliaire, en utilisant la tige de destination comme auxiliaire.
     ▷ Déplacer le plus grand disque (disque n) de la source vers la destination.
     ▷ Déplacer les n-1 disques de la tige auxiliaire vers la tige de destination, en utilisant la tige source comme auxiliaire.

- **Pièges Potentiels :**

  ▶ **Ordre Incorrect des Mouvements :** L'ordre des appels récursifs est crucial pour la solution correcte.
  ▶ **Comprendre les Rôles des Tiges :** Les rôles des tiges auxiliaire et de destination changent dans les appels récursifs.

La Solution

Approches Possibles

- **Solution Itérative :** La Tour de Hanoï peut être résolue de manière itérative, mais la logique est considérablement plus complexe que la solution récursive.
- **Solution Récursive :** L'approche récursive reflète élégamment la structure inhérente du problème.

Notre Approche

Nous allons implémenter la solution récursive pour sa clarté et son élégance.

Code Complet

```python
def tour_de_hanoi(n, source, destination, auxiliaire): #❶
    if n == 1: #❷
        print(f"Déplacer le disque 1 de {source} vers {destination}")
#❸
```

```
    else: #❹
        tour_de_hanoi(n-1, source, auxiliaire, destination) #❺
        print(f"Déplacer le disque {n} de {source} vers
{destination}") #❻
        tour_de_hanoi(n-1, auxiliaire, destination, source) #❼
```

Explication du Code

❶ **Définir** `tour_de_hanoi()` : Définit la fonction récursive.

❷ **Cas de Base** : S'il n'y a qu'un seul disque (n == 1)…

❸ **Déplacer le Disque Directement** : …afficher le mouvement de la source vers la destination.

❹ **Étape Récursive (n > 1)** : S'il y a plusieurs disques…

❺ **Déplacer les Disques Plus Petits vers l'Auxiliaire** : Déplacer récursivement n-1 disques de source vers auxiliaire, en utilisant destination comme tige auxiliaire temporaire.

❻ **Déplacer le Plus Grand Disque** : Déplacer le plus grand disque (n) de source vers destination.

❼ **Déplacer les Disques Plus Petits vers la Destination** : Déplacer récursivement les n-1 disques de auxiliaire vers destination, en utilisant source comme tige auxiliaire temporaire.

Raccourcis Lambda

Les fonctions lambda, également connues sous le nom de fonctions anonymes, offrent un moyen concis de créer de petites fonctions à expression unique sans utiliser le mot-clé def. Elles sont particulièrement utiles pour les opérations courtes que vous pourriez n'utiliser qu'une seule fois, comme dans une fonction map, filter ou sorted. Cet exercice vous aidera à comprendre comment utiliser efficacement les fonctions lambda.

Le Défi

Écrivez une fonction Python appelée appliquer_operation() qui prend une liste de nombres et une fonction en entrée. La fonction appliquer_operation() doit appliquer la fonction donnée à chaque nombre de la liste et retourner une nouvelle liste contenant les résultats.

Défi : Utiliser une fonction lambda dans appliquer_operation() pour définir une opération simple (par exemple, mettre chaque nombre au carré, ajouter 5 à chaque nombre). Ensuite, appelez appliquer_operation() avec votre fonction lambda et une liste de nombres.

Exemple d'Entrée/Sortie

```
>>> nombres = [1, 2, 3, 4, 5]
>>> operation_carre = lambda x: x * x  # Définir une fonction lambda
pour mettre un nombre au carré

>>> appliquer_operation(nombres, operation_carre)
[1, 4, 9, 16, 25]

>>> operation_ajouter_cinq = lambda x: x + 5  # Fonction lambda pour
ajouter 5

>>> appliquer_operation(nombres, operation_ajouter_cinq)
[6, 7, 8, 9, 10]
```

Concepts Clés

- **Connaissances Préalables** : Fonctions, listes, boucles `for`, opérateurs arithmétiques de base.

- **Nouveaux Concepts** : Fonctions lambda (fonctions anonymes), passage de fonctions comme arguments.

Réflexion

- **Stratégies de Résolution de Problèmes** :
  1. **Fonction `appliquer_operation()`** : Définir une fonction qui prend une liste de nombres et une `fonction` comme arguments.
  2. **Boucler et Appliquer** : À l'intérieur de `appliquer_operation()`, utiliser une boucle pour parcourir la liste `nombres`. À chaque itération, appeler la `fonction` fournie avec le nombre actuel comme argument et ajouter le résultat à une nouvelle liste.
  3. **Retourner la Nouvelle Liste** : Retourner la nouvelle liste contenant les résultats.
  4. **Définition de la Fonction Lambda** : Définir une fonction lambda (par exemple, `operation_carre`, `operation_ajouter_cinq`) qui effectue l'opération souhaitée sur un seul nombre.
  5. **Appeler `appliquer_operation()`** : Appeler `appliquer_operation()` avec la liste de nombres et votre fonction lambda.

- **Pièges Potentiels** :
  - ▶ **Syntaxe Lambda** : Se souvenir de la syntaxe de base d'une fonction lambda : `lambda arguments : expression`.
  - ▶ **Fonction comme Argument** : S'assurer que vous passez la fonction lambda elle-même (et non le résultat de l'appel de la fonction lambda) à `appliquer_operation()`.

La Solution

Approches Possibles

- **Fonction Nommée** : Définir une fonction nommée régulière pour l'opération et la passer à `appliquer_operation()`. Cependant, l'utilisation d'une fonction lambda est plus concise lorsque l'opération est simple et utilisée une seule fois.

- **Fonction Lambda** : Définir l'opération comme une fonction lambda directement dans l'appel à `appliquer_operation()`. C'est l'approche la plus pythonique et la plus concise.

Notre Approche

Nous utiliserons une fonction lambda pour démontrer comment créer et utiliser des fonctions anonymes.

Code Complet

```python
def appliquer_operation(nombres, fonction): #①
    resultats = [] #②
    for nombre in nombres: #③
        resultats.append(fonction(nombre)) #④
    return resultats #⑤

nombres = [1, 2, 3, 4, 5]
operation_carre = lambda x: x * x #⑥
operation_ajouter_cinq = lambda x: x + 5 #⑦

print(appliquer_operation(nombres, operation_carre)) #⑧
print(appliquer_operation(nombres, operation_ajouter_cinq)) #⑨
```

Explication du Code

❶ **Définir** `appliquer_operation()` : Prend une liste de `nombres` et une `fonction` en entrée.

❷ **Initialiser la Liste** `resultats` : Une liste vide `resultats` stockera les résultats de l'application de la fonction.

❸ **Boucler à Travers les** `nombres` : Une boucle parcourt chaque `nombre`.

❹ **Appliquer la** `fonction` **et Ajouter** : La fonction fournie est appelée avec `nombre`, et le résultat est ajouté à `resultats`.

❺ **Retourner les** `resultats` : La liste des résultats est retournée.

❻ `operation_carre` **(Lambda)** : Une fonction lambda est définie pour mettre un nombre au carré.

❼ `operation_ajouter_cinq` **(Lambda)** : Une autre fonction lambda est définie pour ajouter 5 à un nombre.

❽ **Appeler avec** `operation_carre` : `appliquer_operation()` est appelée avec la liste `nombres` et la fonction lambda `operation_carre`.

❾ **Appeler avec** `operation_ajouter_cinq` : `appliquer_operation()` est appelée avec la liste `nombres` et la fonction lambda `operation_ajouter_cinq`.

5. Contrôle de Flux

Le contrôle de flux détermine l'ordre dans lequel les instructions sont exécutées dans un programme. Dans cette section, vous apprendrez à utiliser les instructions conditionnelles (`if`, `elif`, `else`) pour prendre des décisions dans votre code et à utiliser les boucles (`for` et `while`) pour répéter des actions. Vous apprendrez également à combiner ces structures de contrôle de flux pour créer une logique de programme plus complexe.

EXERCICE 21:

Attribuer des Notes

Écrire un programme pour attribuer des lettres de notes en fonction des scores numériques est une tâche courante qui implique une logique conditionnelle et peut être rendue plus attrayante en intégrant la saisie de l'utilisateur et la gestion des erreurs.

Le Défi

Écrivez une fonction Python appelée `attribuer_note()` qui prend un `score` numérique (entre 0 et 100) en entrée et renvoie la lettre de note correspondante en fonction de l'échelle suivante :

- 90-100 : A
- 80-89 : B
- 70-79 : C
- 60-69 : D
- 0-59 : F

Votre fonction doit lever une `ValueError` si le score d'entrée est en dehors de la plage valide (0-100). Créez un programme qui permet à l'utilisateur de saisir des scores à plusieurs reprises et affiche les notes attribuées jusqu'à ce que l'utilisateur saisisse une valeur non numérique ou une chaîne vide.

Exemple d'Entrée/Sortie

```
Saisir le score (ou taper 'quitter' pour sortir) : 95
Note : A
Saisir le score (ou taper 'quitter' pour sortir) : 78
Note : C
Saisir le score (ou taper 'quitter' pour sortir) : 55
Note : F
Saisir le score (ou taper 'quitter' pour sortir) : bonjour
Entrée invalide. Sortie.
```

Concepts Clés

- **Connaissances Préalables** : Fonctions, paramètres, valeurs de retour, instructions conditionnelles (`if`, `elif`, `else`), lever des exceptions, saisie utilisateur.

- **Nouveaux Concepts** : Validation des entrées, gestion des entrées non numériques.

Réflexion

- **Stratégies de Résolution de Problèmes** :

  1. **Fonction `attribuer_note()`** : Définir une fonction qui prend un `score` et utilise des instructions `if-elif-else` pour déterminer la lettre de note appropriée.
  2. **Validation de l'Entrée** : Vérifier si le score est dans la plage valide (0-100). Lever une `ValueError` si ce n'est pas le cas.
  3. **Boucle d'Entrée** : Utiliser une boucle `while` pour inviter l'utilisateur à saisir des données à plusieurs reprises.
  4. **Entrée Non Numérique** : Utiliser un bloc `try-except` pour gérer les entrées non numériques, ce qui devrait terminer la boucle.

- **Pièges Potentiels** :

  - **Conditions aux Limites** : Faites attention aux conditions aux limites (90, 80, 70, 60) dans vos instructions conditionnelles.
  - **Conversion de Type** : N'oubliez pas de convertir l'entrée de l'utilisateur (qui est initialement une chaîne de caractères) en un nombre à l'aide de `int()` ou `float()`.

La Solution

Approches Possibles

- **Instructions `if` Multiples** : Nous pourrions utiliser des instructions `if` séparées pour chaque plage de notes, mais une chaîne `if-elif-else` est plus efficace et lisible.
- **Chaîne `if-elif-else`** : Cette approche fournit un moyen clair et concis de gérer les différentes plages de notes.

Notre Approche

Nous utiliserons une chaîne `if-elif-else` pour sa clarté et son efficacité.

Code Complet

```
def attribuer_note(score): #❶
    if not 0 <= score <= 100: #❷
```

```
                raise ValueError("Le score doit être compris entre 0 et 100.")
#❸
        elif score >= 90: #❹
            return "A" #❺
        elif score >= 80:
            return "B"
        elif score >= 70:
            return "C"
        elif score >= 60:
            return "D"
        else:
            return "F" #❻


while True: #❼
    try: #❽
        score_input = input("Saisir le score (ou taper 'quitter' pour
sortir) : ") #❾
        if score_input.lower() == 'quitter' or not score_input: #
Vérifier "quitter" ou une entrée vide
            break
        score = int(score_input) # Convertir en entier
        note = attribuer_note(score) # Appeler attribuer_note()
        print(f"Note : {note}") # Afficher la note
    except ValueError: #❸
        print("Entrée invalide. Sortie.") #❹
        break #❺
```

Explication du Code

❶ **Définir** attribuer_note() : Définit la fonction pour attribuer des notes en fonction des scores.

❷ **Valider l'Entrée** : Vérifie si le score est dans la plage valide.

❸ **Lever** ValueError : Lève une ValueError pour les scores invalides.

❹ **Plages de Notes (A-D)** : Les instructions if-elif gèrent les plages de notes de A à D.

❺ **Retourner la Note** : Retourne la lettre de note correspondante.

❻ **Note par Défaut (F)** : Le bloc else gère les scores inférieurs à 60, en retournant "F".

❼ **Boucle Principale** : La boucle while True invite l'utilisateur à saisir des données à plusieurs reprises.

8 **Gérer les Exceptions** : Le bloc `try-except` gère les exceptions `ValueError` potentielles provenant d'entrées invalides.

9 **Obtenir l'Entrée Utilisateur** : Invite l'utilisateur à saisir un score ou "quitter".

11 **Vérifier "quitter" ou une Entrée Vide:** Si l'utilisateur saisit "quitter" (insensible à la casse) ou une chaîne vide, la boucle s'arrête.

10 **Convertir en Entier** : Convertit l'entrée en un entier.

11 **Appeler** `attribuer_note()` : Appelle la fonction pour obtenir la note.

12 **Afficher la Note** : Affiche la note attribuée.

13 **Attraper** `ValueError` : Attrape les entrées invalides (non numériques ou hors plage).

14 **Afficher un Message d'Erreur** : Affiche un message d'erreur et...

15 **Sortir de la Boucle** : ...sort de la boucle.

Calculatrice d'Année Bissextile

Déterminer si une année est bissextile est une tâche de programmation courante qui implique de comprendre les règles du calendrier et d'implémenter une logique conditionnelle. Cet exercice vous mettra au défi de créer une fonction qui identifie avec précision les années bissextiles et de prendre en compte les cas limites et la gestion des erreurs.

Le Défi

Écrivez une fonction Python appelée `est_bissextile()` qui prend une année (un entier positif) en entrée et renvoie `True` si l'année est bissextile, et `False` sinon. Une année est bissextile :

- Pour chaque année divisible par 4
- **sauf** pour chaque année divisible par 100
- **à moins que** l'année ne soit également divisible par 400

Exemple d'Entrée/Sortie

```
>>> est_bissextile(2000)  # Divisible par 4, 100 et 400
True

>>> est_bissextile(2004)  # Divisible par 4
True

>>> est_bissextile(1900)  # Divisible par 4 et 100, mais pas par 400
False

>>> est_bissextile(2023) # Non divisible par 4
False
```

Concepts Clés

- **Connaissances Préalables** : Fonctions, paramètres, valeurs de retour, valeurs booléennes, instructions conditionnelles (`if`, `elif`, `else`), opérateur modulo (`%`).

- **Nouveaux Concepts** : Logique conditionnelle imbriquée.

Réflexion

- **Stratégies de Résolution de Problèmes** :

  1. **Règles de Divisibilité** : Utiliser l'opérateur modulo (`%`) pour vérifier la divisibilité. `année % n == 0` signifie que `année` est divisible par n.
  2. **Instructions Conditionnelles Imbriquées** : Utiliser des instructions `if-else` imbriquées pour implémenter les règles des années bissextiles avec précision, en gérant les exceptions à la règle générale.

- **Pièges Potentiels** :

  ▶ **Ordre des Conditions** : L'ordre dans lequel vous vérifiez les règles de divisibilité est important. Vérifiez d'abord la divisibilité par 400, puis par 100 et enfin par 4.
  ▶ **Années Négatives** : Tenez compte de la façon dont vous souhaitez gérer les entrées d'années négatives (par exemple, lever une ValueError, retourner False ou prendre la valeur absolue). Nous traiterons cela dans l'exercice suivant.

La Solution

Approches Possibles

- `if-else` **Imbriqué** : C'est l'approche la plus simple et la plus courante pour implémenter les règles des années bissextiles.
- **Expressions Booléennes** : Nous pourrions combiner les vérifications de divisibilité en une seule expression booléenne. Cependant, cela peut rendre le code moins lisible, en particulier pour les débutants.

Notre Approche

Nous utiliserons des instructions `if-else` imbriquées pour plus de clarté.

Code Complet

```
def est_bissextile(année): #❶
    if année % 400 == 0: #❷
        return True #❸
    elif année % 100 == 0: #❹
```

```
        return False #❺
    elif année % 4 == 0: #❻
        return True #❼
    else:
        return False #❽
```

Explication du Code

❶ **Définir** est_bissextile() : Définit la fonction qui prend une année en entrée.

❷ **Divisible par 400** : Si l'année est divisible par 400,...

❸ **Retourner** True : ...c'est une année bissextile.

❹ **Divisible par 100** : Sinon, si l'année est divisible par 100,...

❺ **Retourner** False : ...ce n'est *pas* une année bissextile (exception à la règle).

❻ **Divisible par 4** : Sinon, si l'année est divisible par 4,...

❼ **Retourner** True : ...c'est une année bissextile.

❽ **Pas une Année Bissextile** : Dans tous les autres cas (non divisible par 4), ce n'est pas une année bissextile.

Imprimante de Diamants

L'art ASCII consiste à créer des images ou des motifs à l'aide de caractères textuels. Dans cet exercice, nous allons écrire une fonction qui génère une forme de diamant d'une taille spécifiée à l'aide de caractères ASCII.

Le Défi

Écrivez une fonction Python appelée `diamant()` qui prend un entier impair positif `taille` en entrée et affiche une forme de diamant avec la taille donnée. Le diamant doit être centré et rempli de caractères `*`. Si la taille d'entrée n'est pas un entier impair positif, la fonction doit afficher un message d'erreur.

Exemple d'Entrée/Sortie

```
>>> diamant(5)
  *
 ***
*****
 ***
  *

>>> diamant(7)
   *
  ***
 *****
*******
 *****
  ***
   *

>>> diamant(4)  # Nombre pair
La taille doit être un entier impair positif.
```

```
>>> diamant(-3) # Nombre négatif
La taille doit être un entier impair positif.
```

Concepts Clés

- **Connaissances Préalables** : Fonctions, boucles (boucles imbriquées), manipulation de chaînes de caractères, affichage, instructions conditionnelles.

- **Nouveaux Concepts** : Génération d'art ASCII, centrage de la sortie.

Réflexion

- **Stratégies de Résolution de Problèmes** :

  1. **Validation de l'Entrée** : Vérifier si l'entrée `taille` est un entier impair positif.
  2. **Moitié Supérieure** : Utiliser une boucle pour afficher la moitié supérieure du diamant, en augmentant le nombre d'astérisques dans chaque ligne. Calculer le nombre d'espaces nécessaires pour le centrage.
  3. **Moitié Inférieure** : Utiliser une autre boucle pour afficher la moitié inférieure, en diminuant le nombre d'astérisques.
  4. Centrage : Calculer le nombre d'espaces nécessaires avant chaque ligne pour centrer le diamant.

- **Pièges Potentiels** :

  ▶ **Erreurs « hors limites »** : Faites attention aux plages de boucles et aux calculs pour éviter les erreurs « hors limites » dans le nombre d'espaces et d'astérisques.
  ▶ **Entrée de Taille Paire** : Gérer le cas où l'utilisateur saisit un nombre pair ou un nombre négatif pour `taille`.

La Solution

Approches Possibles

- **Concaténation de Chaînes** : Construire chaque ligne du diamant comme une chaîne, puis l'afficher.
- **Affichage Formaté** : Utiliser des f-strings ou d'autres techniques de formatage pour afficher directement chaque ligne avec l'espacement et le nombre d'astérisques corrects.

Notre Approche

Nous utiliserons des f-strings pour leur concision et leur lisibilité.

Code Complet

```python
def diamant(taille): #❶
    if taille <= 0 or taille % 2 == 0: #❷
        print("La taille doit être un entier impair positif.") #❸
        return

    for i in range(taille): #❹
        nombre_etoiles = i * 2 + 1 if i <= taille // 2 else (taille -
i - 1) * 2 + 1 #❺
        nombre_espaces = (taille - nombre_etoiles) // 2 #❻
        print(f"{' ' * nombre_espaces}{'*' * nombre_etoiles}") #❼
```

Explication du Code

❶ **Définir** diamant() : Définit la fonction qui prend la taille du diamant.

❷ **Valider l'Entrée** : Vérifie si taille est positif et impair.

❸ **Afficher un Message d'Erreur** : Si taille est invalide, afficher un message d'erreur et retourner.

❹ **Boucle pour les Lignes** : Itère taille fois (une fois pour chaque ligne).

❺ **Calculer** nombre_etoiles : Calcule le nombre d'astérisques pour la ligne actuelle. Le nombre d'étoiles augmente jusqu'à la ligne du milieu, puis diminue symétriquement.

❻ **Calculer** nombre_espaces : Calcule le nombre d'espaces nécessaires pour le centrage.

❼ **Afficher la Ligne** : Affiche la ligne avec les espaces et les astérisques calculés à l'aide d'une f-string.

EXERCICE 24:

Générateur de Fibonacci

La suite de Fibonacci (0, 1, 1, 2, 3, 5, 8, ...) est une série de nombres où chaque nombre est la somme des deux précédents. Générer cette suite est une tâche de programmation courante qui nous introduit à un concept Python important : les **générateurs**.

Les générateurs sont des fonctions spéciales qui produisent une séquence de valeurs une par une au lieu de toutes les générer en même temps et de les stocker en mémoire. Ils utilisent le mot-clé `yield` au lieu de `return`. Lorsqu'un générateur rencontre `yield`, il interrompt l'exécution et renvoie la valeur produite. La prochaine fois que le générateur est appelé, il reprend là où il s'était arrêté, en conservant son état interne. Cette évaluation « paresseuse » rend les générateurs très économes en mémoire, en particulier pour les grandes séquences.

Dans cet exercice, nous allons créer une fonction générateur qui produit efficacement des nombres de Fibonacci.

Le Défi

Écrivez une fonction générateur Python appelée `fibonacci()` qui prend un entier positif `limite` en entrée et produit des nombres de Fibonacci jusqu'à (mais sans inclure) la `limite`.

Exemple d'Entrée/Sortie

```
>>> for num in fibonacci(10):  # Itérer à travers le générateur
...     print(num)
...
0
1
1
2
3
5
8

>>> list(fibonacci(5))  # Convertir la sortie du générateur en liste
```

```
[0, 1, 1, 2, 3]
```

Concepts Clés

- **Connaissances Préalables** : Fonctions, paramètres, boucles, nombres, addition.
- **Nouveaux Concepts** : Fonctions générateurs, le mot-clé `yield`, itérateurs, évaluation paresseuse.

Réflexion

- **Stratégies de Résolution de Problèmes** :
  1. **Initialisation** : Commencer avec `a = 0` et `b = 1`.
  2. **Boucle** `while` : Générer des nombres tant que `a` est inférieur à la `limite`.
  3. `yield` : Utiliser `yield a` pour retourner le nombre de Fibonacci actuel.
  4. **Mise à Jour** : Calculer le nombre de Fibonacci suivant et mettre à jour `a` et `b`.
- **Pièges Potentiels** : Boucles infinies (condition `while` incorrecte), erreurs « hors limites » avec la `limite`.

La Solution

Approches Possibles

- **Générateur Récursif** : Élégant mais potentiellement moins efficace pour les grandes limites en raison de la surcharge des appels de fonction.
- **Générateur Itératif** : Plus efficace pour générer des séquences grâce à l'utilisation d'une boucle et du mot-clé `yield`.

Notre Approche

Nous utiliserons un générateur itératif pour l'efficacité et la clarté.

Code Complet

```
def fibonacci(limite): #❶
    a, b = 0, 1 #❷
    while a < limite: #❸
        yield a #❹
        a, b = b, a + b #❺
```

Explication du Code

❶ Définir `fibonacci()` : Définit la fonction générateur. Le mot-clé `yield` à l'intérieur de la fonction en fait un générateur.

❷ Initialiser : Définit les deux premiers nombres de Fibonacci, `a` et `b`.

❸ Boucle `while` : La boucle continue tant que `a` est inférieur à la `limite`.

❹ `yield a` : Produit le nombre de Fibonacci actuel `a`. Le mot-clé `yield` interrompt l'exécution de la fonction et renvoie la valeur de `a`. La prochaine fois que la fonction est appelée, elle reprend à partir de ce point.

❺ Mettre à Jour `a` et `b` : Calcule le nombre de Fibonacci suivant et met à jour `a` et `b` simultanément.

Bonus Python !

- **Itérateurs** : Les générateurs sont un type d'itérateur. Les itérateurs sont des objets qui implémentent le protocole d'itérateur, ce qui vous permet d'accéder aux éléments de manière séquentielle à l'aide d'une boucle `for` ou en appelant manuellement la fonction `next()`. Les générateurs simplifient la création d'itérateurs, car vous n'avez pas besoin de définir une classe d'itérateur distincte.
- **Évaluation Paresseuse** : Les générateurs utilisent l'évaluation paresseuse, ce qui signifie qu'ils ne produisent des valeurs que lorsqu'on les leur demande. Ceci est différent des fonctions régulières, qui calculent et retournent tous leurs résultats en même temps. L'évaluation paresseuse peut être très bénéfique pour la gestion de la mémoire lorsque l'on traite de grandes séquences.

Jeu Pierre-Feuille-Ciseaux

Créer un jeu Pierre-Feuille-Ciseaux est une façon amusante et engageante de pratiquer la logique conditionnelle, la saisie utilisateur et la conception de boucles de jeu en Python. Cet exercice vous mettra au défi de construire un jeu interactif qui permet à l'utilisateur de jouer contre l'ordinateur.

Le Défi

Écrivez un programme Python qui permet à l'utilisateur de jouer à Pierre-Feuille-Ciseaux contre l'ordinateur. Le jeu doit :

1. Inviter l'utilisateur à saisir son choix (pierre, feuille ou ciseaux).
2. Générer aléatoirement le choix de l'ordinateur.
3. Déterminer le gagnant en fonction des règles du jeu :
   - La pierre bat les ciseaux
   - Les ciseaux battent la feuille
   - La feuille bat la pierre
4. Afficher les résultats de la manche (qui a gagné ou s'il y a égalité).
5. Demander à l'utilisateur s'il veut rejouer.

Exemple d'Entrée/Sortie

```
Entrez votre choix (pierre, feuille, ciseaux) : pierre
L'ordinateur choisit : ciseaux
Vous gagnez !

Rejouer ? (oui/non) : oui
Entrez votre choix (pierre, feuille, ciseaux) : feuille
L'ordinateur choisit : feuille
Égalité !

Rejouer ? (oui/non) : non
```

Concepts Clés

- **Connaissances Préalables :**

  - ▶ **Saisie Utilisateur :** `input()`
  - ▶ **Instructions Conditionnelles :** `if`, `elif`, `else`
  - ▶ **Méthodes de Chaîne :** `lower()`
  - ▶ **Affichage :** `print()`
  - ▶ **Boucles :** Boucles `while`
- **Nouveaux Concepts :**

  - ▶ **Génération de Nombres Aléatoires :** `random.choice()` du module `random`.
  - ▶ **Conception de Boucle de Jeu :** Créer une boucle qui continue jusqu'à ce que l'utilisateur décide de quitter.

Réflexion

- **Stratégies de Résolution de Problèmes :**

  1. **Obtenir la Saisie Utilisateur :** Utiliser `input()` pour obtenir le choix de l'utilisateur. Le convertir en minuscules pour une comparaison insensible à la casse.
  2. **Générer le Choix de l'Ordinateur :** Utiliser `random.choice()` pour sélectionner aléatoirement parmi « pierre », « feuille » ou « ciseaux ».
  3. **Déterminer le Gagnant :** Utiliser des instructions `if-elif-else` pour implémenter les règles du jeu et décider du gagnant.
  4. **Afficher les Résultats :** Afficher le choix de l'ordinateur et le résultat de la manche.
  5. **Boucle Rejouer :** Utiliser une boucle `while` pour permettre à l'utilisateur de jouer plusieurs manches.
- **Pièges Potentiels :**

  - ▶ **Sensibilité à la Casse :** Gérer les entrées insensibles à la casse pour le choix de l'utilisateur.
  - ▶ **Entrée Invalide :** Gérer les cas où l'utilisateur saisit un choix invalide.

La Solution

Approches Possibles

- `if-else` **Imbriqué :** Nous pourrions utiliser des instructions `if-else` imbriquées pour déterminer le gagnant, mais une structure plus plate utilisant les opérateurs `and` et `or` pourrait être plus concise.
- `if-elif-else` **avec** `and/or` **:** Cette approche offre un bon équilibre entre lisibilité et concision.

Notre Approche

Nous utiliserons if-elif-else avec des opérateurs logiques (and, or) pour une solution plus concise et efficace.

Code Complet

```
import random #❶

def pierre_feuille_ciseaux():
    while True: #❷
        choix_utilisateur = input("Entrez votre choix (pierre,
feuille, ciseaux) : ").lower() #❸

        if choix_utilisateur not in ["pierre", "feuille", "ciseaux"]:
#❹
            print("Choix invalide. Veuillez réessayer.") #❺
            continue #❻

        choix_ordinateur = random.choice(["pierre", "feuille",
"ciseaux"]) #❼
        print(f"L'ordinateur choisit : {choix_ordinateur}") #❽

        if choix_utilisateur == choix_ordinateur: #❾
            print("Égalité !") #❿
        elif (choix_utilisateur == "pierre" and choix_ordinateur ==
"ciseaux") or \
             (choix_utilisateur == "ciseaux" and choix_ordinateur ==
"feuille") or \
             (choix_utilisateur == "feuille" and choix_ordinateur ==
"pierre"):  #⓫
            print("Vous gagnez !") #⓬
        else:
            print("Vous perdez !") #⓭

        rejouer = input("Rejouer ? (oui/non) : ").lower() #⓮
        if rejouer != "oui": #⓯
            break #⓰
```

Explication du Code

❶ **Importer** random : Importe le module random pour générer le choix de l'ordinateur.

❷ **Boucle de Jeu** : La boucle while True permet à l'utilisateur de jouer plusieurs manches.

❸ Saisie Utilisateur : Invite l'utilisateur à saisir son choix et le convertit en minuscules.

❹ Valider l'Entrée : Vérifie les choix invalides.

❺ Message d'Erreur : Affiche un message d'erreur pour une entrée invalide.

❻ Continuer la Boucle : Passe à l'itération suivante si l'entrée est invalide.

❼ Choix de l'Ordinateur : Génère aléatoirement le choix de l'ordinateur.

❽ Afficher le Choix de l'Ordinateur : Affiche le choix de l'ordinateur.

❾ Vérifier l'Égalité : Vérifie si les choix de l'utilisateur et de l'ordinateur sont identiques.

❿ Afficher le Message d'Égalité : S'il y a égalité, afficher « Égalité ! ».

⓫ Vérifier si l'Utilisateur Gagne : Vérifie les conditions de victoire pour l'utilisateur.

⓬ Afficher le Message de Victoire : Si l'utilisateur gagne, afficher « Vous gagnez ! ».

⓭ Afficher le Message de Défaite : Sinon (l'ordinateur gagne), afficher « Vous perdez ! ».

⓮ Demander de Rejouer : Demande à l'utilisateur s'il veut rejouer.

⓯ Vérifier l'Entrée : Vérifie si l'utilisateur a saisi « oui ».

⓰ Sortir de la Boucle : Si l'utilisateur ne saisit pas « oui », sortir de la boucle, terminant le jeu.

Recherche de Nombres Premiers

Les nombres premiers (nombres supérieurs à 1 qui ne sont divisibles que par 1 et par eux-mêmes) jouent un rôle crucial dans divers domaines de l'informatique, en particulier la cryptographie. Déterminer si un nombre est premier est une tâche de programmation courante qui implique de vérifier la divisibilité et d'optimiser l'efficacité. Cet exercice vous mettra au défi d'écrire une fonction qui identifie efficacement les nombres premiers et de prendre en compte les cas limites.

Le Défi

Écrivez une fonction Python appelée `est_premier()` qui prend un entier positif en entrée et renvoie `True` si le nombre est premier, et `False` sinon.

Exemple d'Entrée/Sortie

```
>>> est_premier(2)
True

>>> est_premier(10)
False

>>> est_premier(17)
True
```

Concepts Clés

- **Connaissances Préalables** : Fonctions, paramètres, valeurs de retour, valeurs booléennes, instructions conditionnelles, boucles, opérateur modulo (%), le module `math` (facultatif : pour l'optimisation).

- **Nouveaux Concepts** : Définition des nombres premiers, optimisation des algorithmes.

Réflexion

- **Stratégies de Résolution de Problèmes :**

  1. **Gérer les Cas de Base** : 1 n'est pas un nombre premier. 2 est le plus petit nombre premier. Traitez ces cas séparément.
  2. **Vérifier la Divisibilité** : Itérer de 2 jusqu'à la racine carrée du nombre d'entrée. Si le nombre est divisible par un nombre quelconque dans cette plage, il n'est pas premier.
     - ▷ **Optimisation** : Nous n'avons besoin de vérifier que jusqu'à la racine carrée, car si un nombre a un diviseur supérieur à sa racine carrée, il doit également avoir un diviseur inférieur à sa racine carrée.
  3. **Retourner** `True` **si Aucun Diviseur n'est Trouvé** : Si la boucle se termine sans trouver de diviseurs, le nombre est premier.

- **Pièges Potentiels :**

  - ▶ **Plage de Boucle Incorrecte** : Assurez-vous d'itérer jusqu'à (et y compris) la racine carrée du nombre. Utilisez `range(2, int(nombre**0.5) + 1)` pour garantir la plage correcte.
  - ▶ **Efficacité** : Pour les très grands nombres, vérifier la divisibilité par chaque nombre jusqu'à la racine carrée peut encore prendre du temps. D'autres optimisations pourraient être nécessaires pour de tels cas (par exemple, les tests de primalité probabilistes).

La Solution

Approches Possibles

- **Vérification de Divisibilité Basique** : Itérer à travers tous les nombres de 2 jusqu'à n-1. Inefficace.
- **Vérification de Divisibilité Optimisée** : Itérer jusqu'à la racine carrée de *n*. Plus efficace.
- **Utiliser** `sympy.isprime()` **(Bibliothèque Externe)** : La bibliothèque `sympy` fournit une fonction `isprime()` optimisée. Cependant, nous allons implémenter la nôtre à des fins pédagogiques.

Notre Approche

Nous allons implémenter la vérification de divisibilité optimisée jusqu'à la racine carrée du nombre pour un bon équilibre entre clarté et efficacité.

Code Complet

```
import math #❶

def est_premier(nombre): #❷
```

```python
    if nombre <= 1: #❸
        return False #❹
    elif nombre <= 3: #❺
        return True #❻
    elif nombre % 2 == 0 or nombre % 3 == 0: #❼
        return False #❽
    i = 5 #❾
    while i * i <= nombre: #❿
        if nombre % i == 0 or nombre % (i + 2) == 0: #⓫
            return False #⓬
        i += 6 #⓭
    return True #⓮
```

Explication du Code

❶ **Importer** math : Importer math pour sqrt() (bien que nous ne l'utilisions pas directement dans cette version, car nous vérifions i * i <= nombre au lieu de i <= math.sqrt(nombre)).

❷ **Définir** est_premier() : Définit la fonction.

❸ **Nombres Inférieurs ou Égaux à 1** : Gérer les cas de base où nombre est inférieur ou égal à 1.

❹ **Retourner** False : Les nombres inférieurs ou égaux à 1 ne sont pas premiers.

❺ **Nombres 2 et 3** : Gérer les cas où nombre est 2 ou 3.

❻ **Retourner** True : 2 et 3 sont premiers.

❼ **Divisible par 2 ou 3** : Vérifier la divisibilité par 2 ou 3.

❽ **Retourner** False : Si divisible par 2 ou 3, pas premier.

❾ **Initialiser** i : Initialiser le compteur de boucle i à 5.

❿ **Boucle jusqu'à la Racine Carrée** : La boucle continue tant que i * i est inférieur ou égal à nombre. Ceci est équivalent à vérifier i <= sqrt(nombre), mais légèrement plus efficace car nous évitons de calculer la racine carrée à chaque itération.

⓫ **Vérifier la Divisibilité par** i et i + 2 : Vérifier si nombre est divisible par i ou i + 2.

⓬ **Retourner** False : Si divisible, pas premier.

⓭ **Incrémenter** i : Incrémenter i de 6 à chaque itération. Cette optimisation est basée sur le fait que tous les nombres premiers supérieurs à 3 peuvent être exprimés sous la forme 6k ± 1 (où k est un entier quelconque).

⓮ **Retourner** True : Si aucun diviseur n'est trouvé, le nombre est premier.

Bonus Python !

- **Tests de Primalité** : Pour les nombres extrêmement grands, les tests de primalité déterministes (comme celui que nous avons implémenté) peuvent devenir très coûteux en termes de calcul. Les tests de primalité probabilistes, tels que le test de Miller-Rabin, offrent un moyen beaucoup plus rapide de déterminer si un nombre est *probablement* premier, avec une très faible marge d'erreur.

Vérificateur de Mot de Passe Fort

Créer un mot de passe fort est crucial pour la sécurité en ligne. Dans cet exercice, vous allez écrire une fonction Python pour vérifier si un mot de passe répond à certains critères de force, tels qu'une longueur minimale, l'inclusion de lettres majuscules et minuscules, de chiffres et de caractères spéciaux. Cet exercice combine la manipulation de chaînes de caractères, les expressions régulières et la logique conditionnelle pour résoudre un problème pratique.

Le Défi

Écrivez une fonction Python appelée `est_mot_de_passe_fort()` qui prend un mot de passe (une chaîne de caractères) en entrée et renvoie `True` si le mot de passe répond aux critères suivants, et `False` sinon :

- Longueur minimale : 8 caractères
- Au moins une lettre majuscule
- Au moins une lettre minuscule
- Au moins un chiffre
- Au moins un caractère spécial (de l'ensemble `~!@#$%^&*()_+`)

Exemple d'Entrée/Sortie

```
>>> est_mot_de_passe_fort("Court")
False

>>> est_mot_de_passe_fort("Faible@ss")
False

>>> est_mot_de_passe_fort("Fort@sswOrd")
True
```

```
>>> est_mot_de_passe_fort("UnAutreFort!@#$")
True
```

Concepts Clés

- **Connaissances Préalables** : Chaînes de caractères, fonctions, instructions conditionnelles, boucles, le module `string` (facultatif).

- **Nouveaux Concepts** : Expressions régulières (à l'aide du module `re`).

Réflexion

- **Stratégies de Résolution de Problèmes** :

  1. **Vérification de la Longueur** : Vérifier si la longueur du mot de passe est d'au moins 8 à l'aide de `len()`.
  2. **Vérifications des Classes de Caractères** : Utiliser des expressions régulières pour vérifier la présence de lettres majuscules, de lettres minuscules, de chiffres et de caractères spéciaux.
     ▷ **Expressions Régulières** : Les expressions régulières offrent un moyen puissant de faire correspondre des motifs dans les chaînes de caractères. Vous pouvez utiliser des classes de caractères comme `[A-Z]`, `[a-z]`, `[0-9]` et une classe de caractères personnalisée pour vos caractères spéciaux.
  3. **Combiner les Vérifications** : Combiner les résultats de toutes les vérifications à l'aide d'opérateurs and pour garantir que tous les critères sont remplis.
- **Pièges Potentiels** :

  ▸ **Syntaxe des Expressions Régulières** : Les expressions régulières peuvent être difficiles à maîtriser. Vérifiez votre syntaxe et testez soigneusement vos expressions régulières.
  ▸ **Cas Limites** : Tenez compte des cas limites comme les mots de passe vides ou les mots de passe contenant uniquement des espaces.

La Solution

Approches Possibles

- **Boucles et Méthodes de Chaîne** : Itérer à travers le mot de passe et utiliser des méthodes de chaîne comme `isupper()`, `islower()`, `isdigit()` et in pour vérifier les caractères requis. Cette approche peut être moins concise que l'utilisation d'expressions régulières.
- **Expressions Régulières** : Utiliser des expressions régulières pour une manière plus concise et efficace de vérifier les classes de caractères.

Notre Approche

Nous utiliserons des expressions régulières pour leur puissance et leur efficacité dans la correspondance de motifs.

Code Complet

```python
import re #❶

def est_mot_de_passe_fort(mot_de_passe): #❷
    if len(mot_de_passe) < 8: #❸
        return False #❹

    if not re.search("[A-Z]", mot_de_passe): #❺
        return False #❻
    if not re.search("[a-z]", mot_de_passe):
        return False
    if not re.search("[0-9]", mot_de_passe):
        return False
    if not re.search("[~!@#$%^&*()_+] ", mot_de_passe): #❼
        return False

    return True #❽
```

Explication du Code

❶ **Importer le Module** re : Importe le module d'expressions régulières.

❷ **Définir** est_mot_de_passe_fort() : Définit la fonction.

❸ **Vérification de la Longueur** : Si le mot de passe a moins de 8 caractères,...

❹ **Retourner** False : ...retourner False immédiatement.

❺ **Vérification des Majuscules** : Si aucune lettre majuscule n'est trouvée (à l'aide de re.search()),...

❻ **Retourner** False : ...retourner False.

❼ **Vérification des Caractères Spéciaux** : Si aucun caractère spécial n'est trouvé,...

❽ **Retourner** True : Si toutes les vérifications réussissent, le mot de passe est fort, donc retourner True.

Bonus Python !

- **Hachage des Mots de Passe** : Ne jamais stocker les mots de passe en texte clair. Hachez toujours les mots de passe à l'aide d'un algorithme de hachage unidirectionnel fort (comme bcrypt ou Argon2) avant de les stocker. Cela protège les mots de passe même si votre base de données est compromise.
- **Gestionnaires de Mots de Passe :** Utilisez des gestionnaires de mots de passe pour générer et stocker des mots de passe forts et uniques pour différents sites Web et services.

EXERCICE 28:

Générateur de Motifs Python

Générer des motifs d'art ASCII est une façon amusante de s'exercer à travailler avec les boucles, les chaînes de caractères et les calculs. Cet exercice vous mettra au défi de créer une fonction qui affiche un motif spécifique basé sur la saisie de l'utilisateur, ce qui nécessite une attention particulière aux détails et à la logique.

Le Défi

Écrivez une fonction Python appelée `generer_motif()` qui prend un entier positif n en entrée et affiche le motif suivant :

```
Pour n = 4 :

1
1 2
1 2 3
1 2 3 4
```

Exemple d'Entrée/Sortie

```
>>> generer_motif(4)
1
1 2
1 2 3
1 2 3 4

>>> generer_motif(6)
1
1 2
1 2 3
1 2 3 4
1 2 3 4 5
```

Concepts Clés

- **Connaissances Préalables** : Fonctions, boucles (boucles imbriquées), affichage, concaténation de chaînes de caractères, conversion de nombres en chaînes de caractères.

- **Nouveaux Concepts** : Génération de motifs à l'aide de boucles imbriquées.

Réflexion

- **Stratégies de Résolution de Problèmes :**

  1. **Boucle Externe (Lignes)** : Utiliser une boucle pour itérer de 1 à n (inclus), représentant les lignes du motif.
  2. **Boucle Interne (Nombres)** : Utiliser une boucle imbriquée pour itérer de 1 jusqu'au numéro de ligne actuel, en affichant chaque nombre.
  3. **Conversion et Concaténation de Chaînes** : Convertir les nombres en chaînes de caractères et les concaténer avec des espaces pour créer la sortie de chaque ligne.
  4. **Saut de Ligne** : Afficher un caractère de saut de ligne après chaque ligne pour créer la structure du motif.

- **Pièges Potentiels :**

  ▸ **Erreurs « hors limites »** : Faites attention aux plages de boucles pour garantir le nombre correct de lignes et de nombres dans chaque ligne.
  ▸ **Espaces Supplémentaires** : Évitez d'afficher des espaces supplémentaires à la fin de chaque ligne.

La Solution

Approches Possibles

- **Concaténation de Chaînes dans la Boucle Interne** : Construire la chaîne de chaque ligne à l'aide d'une boucle interne, puis afficher la ligne.
- **Jointure de Chaînes** : Utiliser une compréhension de liste pour générer les nombres pour chaque ligne, puis utiliser `string.join()` pour créer la chaîne de la ligne. Cela peut être une approche plus efficace et concise.

Notre Approche

Nous utiliserons la jointure de chaînes avec une compréhension de liste pour une solution plus concise et pythonique.

Code Complet

```python
def generer_motif(n): #❶
    for i in range(1, n + 1): #❷
        ligne = " ".join(str(j) for j in range(1, i + 1)) #❸
        print(ligne) #❹
```

Explication du Code

❶ **Définir** `generer_motif()` : Définit la fonction, prenant n en entrée.

❷ **Boucle Externe (Lignes)** : La boucle externe itère de 1 à n (inclus) pour créer n lignes.

❸ **Créer la Chaîne de la Ligne** : Une compréhension de liste `[str(j) for j in range(1, i + 1)]` génère une liste de chaînes de caractères représentant les nombres de 1 jusqu'au numéro de ligne actuel (i). `" ".join(...)` joint ces chaînes avec des espaces pour créer la chaîne de sortie de la ligne.

❹ **Afficher la Ligne** : Affiche la chaîne de la ligne formatée, suivie d'un caractère de saut de ligne (implicite dans `print()`).

Bonus Python !

- **Compréhensions de Liste** : Les compréhensions de liste offrent un moyen concis de créer des listes. Elles sont souvent plus lisibles et efficaces que les boucles `for` traditionnelles pour générer des listes.
- **Jointure de Chaînes** : La méthode `string.join()` est un moyen efficace de concaténer une liste de chaînes de caractères, en particulier lors de la construction de chaînes plus grandes.

EXERCICE 29:

Devinez le Nombre Secret (Amélioré)

Le jeu de devinettes de nombres est un exercice de programmation classique, mais nous pouvons le rendre plus stimulant et engageant en ajoutant des fonctionnalités telles que des suppositions limitées, des niveaux de difficulté et des commentaires sur les suppositions de l'utilisateur.

Le Défi

Écrivez un programme Python qui permet à l'utilisateur de jouer à un jeu de devinettes de nombres contre l'ordinateur. Le programme doit :

1. Choisir un nombre secret aléatoire entre 1 et 100 (ou une plage spécifiée par l'utilisateur).
2. Permettre à l'utilisateur de choisir un niveau de difficulté (facile, moyen, difficile) qui détermine le nombre de suppositions qu'il obtient.
3. Inviter l'utilisateur à saisir sa supposition.
4. Fournir un retour d'information après chaque supposition (trop élevé, trop bas ou correct).
5. Garder une trace du nombre de suppositions restantes.
6. Si l'utilisateur devine correctement, le féliciter et révéler le nombre secret.
7. Si l'utilisateur manque de suppositions, révéler le nombre secret et l'informer qu'il a perdu.

Exemple d'Entrée/Sortie

```
Choisissez la difficulté (facile, moyen, difficile) : moyen
Il vous reste 7 suppositions.
Faites une supposition : 50
Trop élevé !
Il vous reste 6 suppositions.
Faites une supposition : 25
```

```
Trop bas !
...
Il vous reste 1 supposition.
Faites une supposition : 42
Vous l'avez ! La réponse était 42.
```

Concepts Clés

- **Connaissances Préalables** : Saisie utilisateur, instructions conditionnelles, boucles, génération de nombres aléatoires, fonctions.
- **Nouveaux Concepts** : Logique du jeu, niveaux de difficulté, retour d'information utilisateur.

Réflexion

- **Stratégies de Résolution de Problèmes** :

  1. **Niveaux de Difficulté** : Utiliser un dictionnaire ou des constantes pour mapper les niveaux de difficulté au nombre de suppositions.
  2. **Génération de Nombres Aléatoires** : Utiliser `random.randint()` pour générer le nombre secret.
  3. **Validation de l'Entrée** : Valider la saisie de l'utilisateur pour s'assurer qu'il s'agit d'un nombre valide dans la plage autorisée.
  4. **Boucle de Jeu** : Utiliser une boucle `while` qui continue jusqu'à ce que l'utilisateur gagne ou manque de suppositions.
  5. **Mécanisme de Retour d'Information** : Fournir un retour d'information après chaque supposition (« Trop élevé ! », « Trop bas ! » ou « Vous l'avez ! »).
  6. **Suivi des Suppositions** : Décrémenter le nombre de suppositions restantes après chaque supposition.

- **Pièges Potentiels** :

  - **Validation de l'Entrée** : Gérer les entrées non numériques avec élégance.
  - **Cas Limites** : Prendre en compte les cas limites comme deviner le nombre au premier essai ou manquer de suppositions.

La Solution

Approches Possibles

- **Variables Globales** : Nous pourrions utiliser des variables globales pour stocker le nombre secret et le nombre de suppositions, mais l'utilisation d'arguments de fonction et de valeurs de retour est généralement préférée pour une meilleure organisation du code.
- **Fonction avec Arguments et Valeurs de Retour** : Cette approche rend le code plus modulaire et plus facile à comprendre.

Notre Approche

Nous utiliserons une fonction avec des arguments et des valeurs de retour pour démontrer une bonne structure de code.

Code Complet

```python
import random #❶

def deviner_le_nombre(min_num=1, max_num=100): #❷
    nombre_secret = random.randint(min_num, max_num) #❸
    difficulte = input("Choisissez la difficulté (facile, moyen,
difficile) : ").lower() #❹

    suppositions_difficulte = { #❺
        "facile": 10,
        "moyen": 7,
        "difficile": 5
    }

    suppositions_restantes = suppositions_difficulte.get(difficulte,
7) #❻

    while suppositions_restantes > 0: #❼
        try:
            supposition = int(input(f"Il vous reste
{suppositions_restantes} suppositions. Faites une supposition : "))
#❽
            if supposition < nombre_secret:
                print("Trop bas !")
            elif supposition > nombre_secret:
                print("Trop élevé !")
            else:
                print(f"Vous l'avez ! La réponse était
{nombre_secret}.")
                return #❾

            suppositions_restantes -= 1 #❿
        except ValueError:
            print("Entrée invalide. Veuillez saisir un nombre.")

    print(f"Vous n'avez plus de suppositions. La réponse était
{nombre_secret}.") #⓫
```

Explication du Code

❶ Importer `random` : Importe le module `random`.

❷ Définir `deviner_le_nombre()` : Définit la fonction avec les arguments optionnels `min_num` et `max_num` pour une plage personnalisée.

❸ Générer `nombre_secret` : Génère un nombre aléatoire dans la plage spécifiée (ou par défaut).

❹ Obtenir la Difficulté : Invite l'utilisateur à choisir une difficulté.

❺ Dictionnaire `suppositions_difficulte` : Mappe les niveaux de difficulté au nombre de suppositions.

❻ Définir `suppositions_restantes` : Obtient le nombre de suppositions en fonction de la difficulté choisie, par défaut à 7 (moyen) si l'entrée est invalide.

❼ Boucle de Jeu : La boucle continue jusqu'à ce que `suppositions_restantes` atteigne 0.

❽ Obtenir la Supposition de l'Utilisateur : Invite l'utilisateur à saisir sa supposition et la convertit en entier. Gère `ValueError` pour les entrées invalides.

❾ Supposition Correcte : Si la supposition est correcte, afficher un message de félicitations et retourner de la fonction.

❿ Décrémenter `suppositions_restantes` : Réduit le nombre de suppositions après chaque tentative.

⓫ Manque de Suppositions : Si la boucle se termine sans supposition correcte, révéler le nombre secret.

Maître du Factoriel

Calculer le factoriel d'un nombre est un problème de programmation classique qui peut être résolu à l'aide d'approches itératives (boucles) et récursives (une fonction s'appelant elle-même). Cet exercice vous met au défi d'implémenter les deux versions de la fonction factorielle et de comparer leurs performances. Nous allons également ajouter une touche en introduisant la mémoïsation, une technique d'optimisation puissante pour les fonctions récursives.

Le Défi

1. Écrivez une fonction Python appelée `factorielle_iterative(n)` qui calcule le factoriel d'un entier non négatif *n* à l'aide d'une approche itérative (boucles).
2. Écrivez une fonction Python appelée `factorielle_recursive(n)` qui calcule le factoriel de *n* à l'aide d'une approche récursive.
3. **Défi** : Implémentez la mémoïsation dans votre fonction récursive pour améliorer ses performances. La mémoïsation consiste à stocker les résultats des appels de fonction coûteux et à les réutiliser lorsque les mêmes entrées se reproduisent.

Vos fonctions doivent lever une `ValueError` si l'entrée est négative.

Exemple d'Entrée/Sortie

```
>>> factorielle_iterative(5)
120

>>> factorielle_recursive(5)
120

>>> factorielle_iterative(0)
1

>>> factorielle_recursive(0)
1
```

```
>>> factorielle_iterative(-1)
Traceback (most recent call last):
  File "<stdin>", line 1, in <module>
  File "<stdin>", line 3, in factorielle_iterative
ValueError: L'entrée doit être un entier non négatif.


# Comparaison des temps d'exécution (à l'aide du module timeit - nous
verrons cela plus tard !)
>>> timeit.timeit("factorielle_iterative(100)", setup="from __main__
import factorielle_iterative", number=10000)
0.016777000000000343  # Exemple de temps pour la version itérative

>>> timeit.timeit("factorielle_recursive_memo(100)", setup="from
__main__ import factorielle_recursive_memo", number=10000)
0.02035669999999979  # Exemple de temps pour la version récursive
mémoïsée (devrait être plus rapide que la version non mémoïsée)

>>> timeit.timeit("factorielle_recursive(100)", setup="from __main__
import factorielle_recursive", number=10000)
0.15076750000000035 # Exemple de temps pour la version récursive non
mémoïsée (devrait être plus lente)
```

Concepts Clés

- **Connaissances Préalables** : Fonctions, boucles, instructions conditionnelles, récursion, gestion des erreurs.
- **Nouveaux Concepts** : Approches itératives vs. récursives, mémoïsation, optimisation des performances.

Réflexion

- **Stratégies de Résolution de Problèmes :**
    1. **Approche Itérative** : Utiliser une boucle for et une variable accumulateur pour calculer le produit des nombres de 1 à n.
    2. **Approche Récursive** : Définir un cas de base ($n = 0$, retourner 1) et une étape récursive ($n > 0$, retourner n * factorielle(n-1)).
    3. **Mémoïsation** : Utiliser un dictionnaire pour stocker les résultats des calculs factoriels précédents. Avant de faire un appel récursif, vérifier si le résultat est déjà dans le dictionnaire. Si c'est le cas, réutiliser le résultat stocké ; sinon, le calculer et le stocker dans le dictionnaire.
- **Pièges Potentiels** : Récursion infinie (cas de base incorrect ou manquant), entrée négative, dépassement de pile pour les très grands n (surtout sans mémoïsation).

La Solution

Approches Possibles

(Voir « Stratégies de Résolution de Problèmes » ci-dessus.)

Notre Approche

Nous allons implémenter les versions itérative et récursive, en démontrant la mémoïsation comme technique d'optimisation pour l'approche récursive.

Code Complet

```python
def factorielle_iterative(n): #❶
    if n < 0:
        raise ValueError("L'entrée doit être un entier non négatif.")
    resultat = 1 #❷
    for i in range(1, n + 1): #❸
        resultat *= i #❹
    return resultat #❺


def factorielle_recursive(n): #❻
    if n < 0:
        raise ValueError("L'entrée doit être un entier non négatif.")
    elif n == 0:
        return 1
    else:
        return n * factorielle_recursive(n - 1)


# Version récursive mémoïsée
memo = {} # Créer un dictionnaire pour stocker les résultats

def factorielle_recursive_memo(n):
    if n < 0:
        raise ValueError("L'entrée doit être un entier non négatif.")
    elif n == 0:
        return 1
    elif n in memo: #❼
        return memo[n] # Retourner le résultat mémoïsé
    else:
        resultat = n * factorielle_recursive_memo(n - 1)
```

```
        memo[n] = resultat #❽
        return resultat # Retourner resultat
```

Explication du Code

❶ **Définir les Fonctions** : Définit `factorielle_iterative()` et `factorielle_recursive()`.

❷ **Initialiser** `resultat` **(Itératif)** : Initialise la variable accumulateur `resultat` à 1.

❸ **Boucle Itérative** : Itère de 1 à n (inclus).

❹ **Multiplier et Accumuler (Itératif)** : Multiplie `resultat` par i à chaque itération.

❺ **Retourner** `resultat` **(Itératif)** : Retourne le factoriel final calculé.

❻ **Cas de Base et Étape Récursifs** : La version récursive a un cas de base (n == 0, retourner 1) et une étape récursive (n > 0, retourner n * `factorielle(n-1)`).

❼ **Vérification de la Mémoïsation** : La fonction `factorielle_recursive_memo` vérifie si le résultat pour n est déjà stocké dans le dictionnaire `memo`. Si c'est le cas, elle retourne le résultat stocké, évitant les calculs redondants.

❽ **Stockage de la Mémoïsation** : Si le résultat n'est pas dans `memo`, il est calculé et stocké dans `memo` avant d'être retourné.

Bonus Python !

- **Mémoïsation** : La mémoïsation est une technique puissante pour optimiser les fonctions récursives en stockant et en réutilisant les résultats des appels de fonction coûteux. Elle peut améliorer considérablement les performances, en particulier pour les fonctions avec des sous-problèmes qui se chevauchent (comme Fibonacci et factorielle).
- **Programmation Dynamique** : La mémoïsation est une forme de programmation dynamique, une stratégie algorithmique plus large qui consiste à décomposer un problème en sous-problèmes qui se chevauchent, à résoudre chaque sous-problème une seule fois et à stocker leurs solutions pour éviter les calculs redondants.

6. Manipulation de Fichiers

Les fichiers sont un moyen fondamental de stocker et de récupérer des données dans les programmes informatiques. Cette section couvre les éléments essentiels du travail avec les fichiers en Python, y compris l'ouverture, la lecture, l'écriture et la fermeture des fichiers. Vous apprendrez également à gérer les erreurs liées aux fichiers et à travailler avec différents formats de fichiers.

Explorateur de Fichiers

Travailler avec des fichiers est une compétence fondamentale en programmation. Cet exercice se concentre sur la lecture de données à partir d'un fichier texte, le traitement de son contenu et la gestion des erreurs potentielles.

Le Défi

Écrivez une fonction Python appelée `lire_fichier()` qui prend un nom de fichier (une chaîne de caractères) en entrée et renvoie le contenu du fichier sous forme d'une seule chaîne de caractères. Votre fonction doit gérer les erreurs liées aux fichiers avec élégance.

Exemple d'Entrée/Sortie

Supposons qu'un fichier nommé `mon_fichier.txt` contienne le texte suivant :

```
Ceci est la première ligne.
Ceci est la deuxième ligne.
Ceci est la troisième ligne.
>>> lire_fichier("mon_fichier.txt")
'Ceci est la première ligne.\nCeci est la deuxième ligne.\nCeci est la
troisième ligne.\n'

>>> lire_fichier("fichier_inexistant.txt")
Fichier non trouvé.
None
```

Concepts Clés

- **Connaissances Préalables** : Fonctions, chaînes de caractères, chemins de fichiers, gestion des erreurs.
- **Nouveaux Concepts** : E/S de fichiers (entrée/sortie), `open()`, `read()`, instruction `with`, modes de fichiers, gestion des exceptions.

Réflexion

- **Stratégies de Résolution de Problèmes :**

  1. **Ouvrir le Fichier :** Utiliser la fonction `open()` avec le mode de fichier approprié ("r" pour la lecture).
  2. **Lire le Contenu :** Utiliser la méthode `read()` pour lire l'intégralité du contenu du fichier sous forme d'une seule chaîne de caractères.
  3. **Gérer les Exceptions :** Utiliser un bloc `try-except` pour gérer les exceptions `FileNotFoundError` potentielles.
  4. **Fermer le Fichier :** S'assurer que le fichier est correctement fermé après la lecture. L'instruction `with` fournit un moyen élégant de gérer la fermeture automatique des fichiers.

- **Pièges Potentiels :**

  - **Chemin de Fichier Incorrect :** Assurez-vous que le chemin du fichier est correct.
  - **Oublier de Fermer le Fichier :** Ne pas fermer un fichier peut entraîner des fuites de ressources. L'instruction `with` permet d'éviter ce problème.
  - **Fichiers Volumineux :** Lire des fichiers très volumineux en mémoire d'un seul coup peut causer des problèmes de mémoire. Pour les gros fichiers, il est préférable de les lire et de les traiter ligne par ligne ou par blocs.

La Solution

Approches Possibles

- `open()` **et** `close()` : Ouvrir et fermer manuellement le fichier à l'aide de `open()` et `close()`. Nécessite une gestion explicite des erreurs et la fermeture du fichier.
- **Instruction** `with` : Utiliser l'instruction `with` pour gérer automatiquement la fermeture des fichiers et simplifier la gestion des exceptions. C'est l'approche recommandée en Python.

Notre Approche

Nous utiliserons l'instruction `with` pour une gestion des fichiers plus propre et plus sûre.

Code Complet

```
def lire_fichier(nom_fichier): #❶
    try: #❷
        with open(nom_fichier, 'r') as f: #❸
            contenu = f.read() #❹
            return contenu #❺
    except FileNotFoundError: #❻
```

```
        print("Fichier non trouvé.") #❼
        return None #❽
```

Explication du Code

❶ **Définir** `lire_fichier()` : Définit la fonction, prenant le `nom_fichier` en entrée.

❷ **Gérer** `FileNotFoundError` : Le bloc `try-except` gère le cas où le fichier n'existe pas.

❸ **Ouvrir le Fichier avec** `with` : L'instruction `with open(...) as f:` ouvre le fichier en mode lecture (`'r'`). L'instruction `with` garantit que le fichier est automatiquement fermé, même si des erreurs se produisent.

❹ **Lire le Contenu du Fichier** : `f.read()` lit l'intégralité du contenu du fichier dans la variable contenu sous forme d'une seule chaîne de caractères.

❺ **Retourner** contenu : Retourne le contenu du fichier.

❻ `FileNotFoundError` **Attrappé** : Si une `FileNotFoundError` se produit,...

❼ **Afficher un Message** : ...afficher un message d'erreur.

❽ **Retourner** None : ...et retourner None pour indiquer que le fichier n'a pas été trouvé.

Compter les Lignes

Compter le nombre de lignes dans un fichier est une tâche courante, en particulier lorsqu'il s'agit de gros fichiers journaux ou d'ensembles de données. Cet exercice vous mettra au défi d'implémenter une fonction de comptage de lignes efficace qui gère les gros fichiers sans charger l'intégralité du fichier en mémoire en une seule fois.

Le Défi

Écrivez une fonction Python appelée compter_lignes() qui prend un nom de fichier (une chaîne de caractères) en entrée et renvoie le nombre de lignes dans le fichier. Votre fonction doit gérer les erreurs de fichier potentielles et être efficace même pour les très gros fichiers.

Exemple d'Entrée/Sortie

Supposons que mon_fichier.txt contienne trois lignes :

```
>>> compter_lignes("mon_fichier.txt")
3

>>> compter_lignes("fichier_inexistant.txt")  # Fichier non trouvé
Fichier non trouvé.
0
```

Concepts Clés

- **Connaissances Préalables :** Fonctions, chemins de fichiers, gestion des erreurs, boucles.
- **Nouveaux Concepts :** Itérateurs de fichiers, traitement efficace des fichiers.

Réflexion

- **Stratégies de Résolution de Problèmes :**

1. **Itérateur de Fichier** : Utiliser un objet fichier comme itérateur pour lire le fichier ligne par ligne. Cela évite de charger l'intégralité du fichier en mémoire, ce qui est crucial pour les gros fichiers.
2. **Compter les Lignes** : Utiliser une boucle pour parcourir les lignes et incrémenter un compteur.
3. **Gérer les Exceptions** : Utiliser un bloc `try-except` pour gérer `FileNotFoundError`.

- **Pièges Potentiels** :

  ▸ **Lire le Fichier Entier** : Évitez d'utiliser `f.read()` ou `f.readlines()`, car ces méthodes chargent l'intégralité du fichier en mémoire.

  ▸ **Utilisation de la Mémoire** : Assurez-vous que votre solution minimise l'utilisation de la mémoire, en particulier lorsqu'il s'agit de gros fichiers.

La Solution

Approches Possibles

- `readlines()` : Lire toutes les lignes dans une liste à l'aide de `readlines()` puis obtenir la longueur de la liste. Inefficace pour les gros fichiers.
- `read()` et `splitlines()` : Lire l'intégralité du fichier dans une chaîne de caractères à l'aide de `read()` et la diviser en lignes à l'aide de `splitlines()`. Également inefficace pour les gros fichiers.
- **Itérateur de Fichier** : Utiliser l'objet fichier comme itérateur pour traiter le fichier ligne par ligne. C'est l'approche la plus efficace en termes de mémoire.

Notre Approche

Nous utiliserons un itérateur de fichier pour une efficacité maximale lors de la gestion de gros fichiers.

Code Complet

```
def compter_lignes(nom_fichier): #❶
    try: #❷
        with open(nom_fichier, 'r') as f: #❸
            compte = 0 #❹
            for _ in f: #❺
                compte += 1 #❻
            return compte #❼
    except FileNotFoundError: #❽
        print("Fichier non trouvé.") #❾
        return 0 #❿
```

Explication du Code

❶ **Définir** `compter_lignes()` : Définit la fonction.

❷ **Gérer** `FileNotFoundError` : Utilise un bloc `try-except` pour gérer les erreurs de fichier.

❸ **Ouvrir le Fichier avec** `with` : Ouvre le fichier en mode lecture (`'r'`) à l'aide d'une instruction `with` pour la fermeture automatique du fichier.

❹ **Initialiser** `compte` : Initialise le compteur de lignes à 0.

❺ **Itérer avec l'Itérateur de Fichier** : Utilise l'objet fichier `f` directement comme itérateur dans une boucle `for`. Le `_` est utilisé comme variable d'espace réservé car nous n'avons pas besoin d'utiliser le contenu réel de la ligne dans cet exercice ; nous sommes uniquement intéressés par le comptage des lignes.

❻ **Incrémenter** `compte` : Incrémente le compteur pour chaque ligne.

❼ **Retourner** `compte` : Retourne le nombre total de lignes.

❽ `FileNotFoundError` **Attraper** : Si le fichier est introuvable,...

❾ **Afficher un Message** : ...afficher un message.

❿ **Retourner 0** : ...et retourner 0.

Bonus Python !

- **Itérateurs de Fichiers** : Les objets fichiers en Python sont des itérateurs, qui offrent un moyen efficace en termes de mémoire de traiter les gros fichiers. Les itérateurs produisent une ligne à la fois, évitant ainsi de charger l'intégralité du fichier en mémoire.
- `enumerate()` **pour les Numéros de Ligne** : Si vous avez besoin à la fois du numéro de ligne et du contenu de la ligne, vous pouvez utiliser `enumerate()` avec l'itérateur de fichier : `for numero_ligne, ligne in enumerate(f):`.

Détective de Mots

Rechercher des mots ou des motifs spécifiques dans un fichier texte est une tâche courante en programmation. Cet exercice vous mettra au défi de créer une fonction qui recherche efficacement des mots dans un fichier, gère les recherches insensibles à la casse et offre des options pour différents comportements de recherche (trouver toutes les occurrences, trouver la première occurrence ou vérifier si un mot existe).

Le Défi

Écrivez une fonction Python appelée `chercher_mot()` qui prend trois arguments :

1. `nom_fichier` : Le nom du fichier texte (une chaîne de caractères).
2. `mot` : Le mot à rechercher (une chaîne de caractères).
3. `toutes_les_occurrences` : Un argument booléen facultatif (par défaut : `False`). Si True, la fonction doit retourner une liste de tous les numéros de ligne où le mot apparaît. Si `False`, la fonction doit retourner le numéro de ligne de la première occurrence ou `None` si le mot est introuvable.

Exemple d'Entrée/Sortie

Supposons que `mon_fichier.txt` contienne :

```
pomme
Banane
Orange
Tarte aux pommes
>>> chercher_mot("mon_fichier.txt", "pomme")  # Première occurrence
(insensible à la casse)
1

>>> chercher_mot("mon_fichier.txt", "raisin") # Mot non trouvé
None
```

```
>>> chercher_mot("mon_fichier.txt", "pomme",
toutes_les_occurrences=True)  # Toutes les occurrences
[1, 4]

>>> chercher_mot("mon_fichier.txt", "banane",
toutes_les_occurrences=True)
[2]
```

Concepts Clés

- **Connaissances Préalables** : Fonctions, fichiers, chaînes de caractères, boucles, instructions conditionnelles, listes (facultatif).
- **Nouveaux Concepts** : Recherche insensible à la casse, gestion des arguments facultatifs, gestion de différents types de retour en fonction des arguments de la fonction.

Réflexion

- **Stratégies de Résolution de Problèmes** :

  1. **Gestion des Fichiers** : Ouvrir le fichier en mode lecture à l'aide de `with open()`.
  2. **Itération et Recherche** : Itérer à travers les lignes du fichier à l'aide de `enumerate()` pour obtenir à la fois le numéro de ligne et le contenu de la ligne.
  3. **Correspondance Insensible à la Casse** : Convertir le `mot` cible et chaque `ligne` en minuscules avant la comparaison.
  4. **Indicateur** `toutes_les_occurrences` : Si `toutes_les_occurrences` est `True`, stocker tous les numéros de ligne correspondants dans une liste. Si `False`, retourner le premier numéro de ligne correspondant.
  5. **Valeur de Retour** : Retourner la valeur appropriée en fonction de l'indicateur `toutes_les_occurrences`.

- **Pièges Potentiels** :

  ▶ **Sensibilité à la Casse** : Assurer une comparaison insensible à la casse.
  ▶ **Indexation à Base Zéro vs Numéros de Ligne** : N'oubliez pas que les numéros de ligne commencent généralement à 1, tandis que les indices de liste commencent à 0. Ajuster en conséquence.
  ▶ **Correspondances Partielles** : Déterminer si vous souhaitez trouver uniquement des correspondances de mots entiers ou autoriser des correspondances partielles (par exemple, « pomme » correspondant à « tarte aux pommes »). Pour cet exercice, nous nous concentrerons sur les correspondances de mots entiers.

La Solution

Approches Possibles

- **Lire le Fichier Entier** : Lire l'intégralité du fichier en mémoire, puis effectuer la recherche. Moins efficace pour les gros fichiers.
- **Traitement Ligne par Ligne** : Traiter le fichier ligne par ligne à l'aide d'un itérateur, ce qui est plus efficace en termes de mémoire.

Notre Approche

Nous utiliserons le traitement ligne par ligne pour gérer efficacement les fichiers potentiellement volumineux. Nous utiliserons également l'opérateur in pour vérifier le mot plutôt que d'utiliser une expression régulière, car c'est plus efficace et lisible dans ce cas.

Code Complet

```
def chercher_mot(nom_fichier, mot, toutes_les_occurrences=False): #❶
    try: #❷
        with open(nom_fichier, 'r') as f: #❸
            if toutes_les_occurrences: #❹
                occurrences = [] #❺
                for i, ligne in enumerate(f): #❻
                    if mot.lower() in ligne.lower(): #❼
                        occurrences.append(i + 1) #❽
                return occurrences #❾
            else: #❿
                for i, ligne in enumerate(f): #⓫
                    if mot.lower() in ligne.lower(): #⓬
                        return i + 1 #⓭
                return None #⓮
    except FileNotFoundError: #⓯
        print("Fichier non trouvé.")
        return None #⓰
```

Explication du Code

❶ **Définir** chercher_mot() : Définit la fonction avec un paramètre toutes_les_occurrences facultatif.

❷ **Gérer** FileNotFoundError : Utilise un bloc try-except pour gérer les erreurs de fichier.

❸ **Ouvrir le Fichier** : Ouvre le fichier en mode lecture à l'aide de with open().

❹ **Vérifier** toutes_les_occurrences : Si toutes_les_occurrences est True,…

❺ Initialiser la Liste `occurrences` : ...créer une liste vide pour stocker toutes les occurrences.

❻ Itérer à Travers les Lignes : ...itérer à travers les lignes à l'aide de `enumerate()` pour obtenir les numéros de ligne.

❼ Recherche Insensible à la Casse : Convertir le `mot` de recherche et la `ligne` actuelle en minuscules avant d'utiliser l'opérateur `in` pour vérifier si le mot est présent dans la ligne.

❽ Ajouter le Numéro de Ligne : Si le mot est trouvé, ajouter le numéro de ligne (ajusté pour l'indexation à base 1) à la liste `occurrences`.

❾ Retourner `occurrences` : Après avoir traité toutes les lignes, retourner la liste des occurrences.

❿ `toutes_les_occurrences` **est** `False` : Si `toutes_les_occurrences` est `False` (par défaut),...

⓫ Itérer et Rechercher : ...itérer à travers les lignes et rechercher la première occurrence.

⓬ Recherche Insensible à la Casse : Effectue la recherche insensible à la casse.

⓭ Retourner le Numéro de Ligne : Si le mot est trouvé, retourner immédiatement le numéro de ligne (index à base 1).

⓮ Retourner `None` : Si la boucle se termine sans trouver le mot, retourner `None`.

⓯ Gérer `FileNotFoundError` : Si le fichier est introuvable,...

⓰ Retourner `None` : ...afficher un message et retourner `None`.

Duplicateur de Fichiers

Copier des fichiers est une tâche fondamentale en programmation, souvent utilisée pour les sauvegardes, les transferts de données et diverses autres opérations. Cet exercice vous met au défi de créer une fonction Python qui copie efficacement le contenu d'un fichier vers un autre, en gérant les erreurs potentielles et les fichiers volumineux de manière efficace.

Le Défi

Écrivez une fonction Python appelée `copier_fichier()` qui prend deux arguments :

1. `nom_fichier_source` : Le nom du fichier source (une chaîne de caractères).
2. `nom_fichier_destination` : Le nom du fichier de destination (une chaîne de caractères).

La fonction doit copier le contenu du fichier source vers le fichier de destination. Si le fichier de destination existe déjà, il doit être écrasé. La fonction doit gérer les erreurs de fichier potentielles avec élégance.

Exemple d'Entrée/Sortie

Supposons que `source.txt` contienne :

```
Ceci est le fichier source.
```

Après avoir exécuté :

```
>>> copier_fichier("source.txt", "destination.txt")
```

Le fichier `destination.txt` doit être créé et contenir :

```
Ceci est le fichier source.
```

Si `destination.txt` existait déjà, son contenu précédent serait remplacé par le contenu de `source.txt`.

Concepts Clés

- **Connaissances Préalables** : Fonctions, chemins de fichiers, gestion des erreurs, E/S de fichiers.
- **Nouveaux Concepts** : Copie efficace de fichiers à l'aide d'E/S tamponnées et de lecture par blocs.

Réflexion

- **Stratégies de Résolution de Problèmes** :

  1. **Ouvrir les Fichiers** : Ouvrir le fichier source en mode lecture ('r') et le fichier de destination en mode écriture ('w'). Utiliser `with open()` pour garantir la fermeture automatique des fichiers.
  2. **Lecture par Blocs** : Lire les données du fichier source par blocs (blocs d'une taille spécifiée) à l'aide de `f.read(taille_bloc)`. C'est plus efficace en termes de mémoire que de lire l'intégralité du fichier en une seule fois, en particulier pour les fichiers volumineux.
  3. **Écrire les Blocs vers la Destination** : Écrire chaque bloc dans le fichier de destination.
  4. **Gestion des Erreurs** : Utiliser un bloc `try-except` pour gérer les exceptions `FileNotFoundError` potentielles (si le fichier source n'existe pas) et `IOError` (pour d'autres erreurs liées aux fichiers pendant la lecture ou l'écriture).

- **Pièges Potentiels** :

  - **Utilisation de la Mémoire** : Évitez de lire l'intégralité du fichier en mémoire en une seule fois.
  - **Gestion des Erreurs** : Gérer les erreurs de fichier avec élégance.
  - **Écrasement des Fichiers Existants** : Soyez explicite sur le comportement d'écrasement si le fichier de destination existe.

La Solution

Approches Possibles

- **Lire le Fichier Entier** : Lire l'intégralité du fichier source en mémoire, puis l'écrire dans le fichier de destination. Inefficace pour les fichiers volumineux.
- **Copie Ligne par Ligne** : Lire et écrire ligne par ligne. Légèrement plus efficace, mais toujours pas idéal pour les très gros fichiers.
- **Copie par Blocs** : Lire et écrire par blocs (E/S tamponnées). C'est l'approche la plus efficace pour les fichiers volumineux.

Notre Approche

Nous utiliserons la copie par blocs pour son efficacité.

Code Complet

```python
def copier_fichier(nom_fichier_source, nom_fichier_destination): #❶
    taille_bloc = 4096 #❷
    try: #❸
        with open(nom_fichier_source, 'r') as fichier_source, \
                open(nom_fichier_destination, 'w') as
fichier_destination: #❹
            while True: #❺
                bloc = fichier_source.read(taille_bloc) #❻
                if not bloc: #❼
                    break #❽
                fichier_destination.write(bloc) #❾
    except FileNotFoundError:
        print(f"Fichier source '{nom_fichier_source}' non trouvé.")
        return None
    except IOError as e: #❿
        print(f"Une erreur s'est produite : {e}")
        return None
```

Explication du Code

❶ **Définir** `copier_fichier()` : Définit la fonction.

❷ `taille_bloc` : Définit la taille des blocs (blocs de données) à lire et à écrire. 4096 octets (4 Ko) est un choix courant.

❸ **Gestion des Erreurs** : Utilise `try-except` pour gérer les erreurs de fichier.

❹ **Ouvrir les Fichiers avec** `with` : Ouvre les fichiers source et de destination à l'aide de `with open()`. Le fichier source est ouvert en mode lecture (`'r'`) et le fichier de destination est ouvert en mode écriture (`'w'`), ce qui écrase le fichier de destination s'il existe.

❺ **Boucle de Lecture par Blocs** : Une boucle `while True` lit et écrit des blocs jusqu'à ce que la fin du fichier source soit atteinte.

❻ **Lire le Bloc** : `fichier_source.read(taille_bloc)` lit un bloc de données du fichier source.

❼ **Vérifier la Fin du Fichier** : Si `bloc` est vide, cela indique la fin du fichier.

❽ **Sortir de la Boucle** : Sort de la boucle lorsque la fin du fichier est atteinte.

❾ **Écrire le Bloc** : `fichier_destination.write(bloc)` écrit le bloc dans le fichier de destination.

❿ **Gérer** `IOError` : Attrape toutes les exceptions `IOError` qui peuvent se produire pendant la lecture ou l'écriture du fichier (par exemple, problèmes d'autorisations, disque plein).

Dompteur de Données CSV

Les fichiers CSV (Comma Separated Values) sont un format courant pour stocker des données tabulaires. Travailler avec des fichiers CSV implique souvent d'analyser les données, de les convertir dans un format plus utilisable (comme une liste de dictionnaires) et d'effectuer des opérations sur les données. Cet exercice vous mettra au défi de lire des données à partir d'un fichier CSV, de les convertir en une liste de dictionnaires, puis d'effectuer un calcul basé sur les données.

Le Défi

Écrivez une fonction Python appelée `traiter_csv()` qui prend un nom de fichier (une chaîne de caractères) en entrée. Le fichier doit être un fichier CSV où la première ligne contient les en-têtes de colonnes. La fonction doit :

1. Lire les données CSV du fichier.
2. Convertir les données CSV en une liste de dictionnaires, où chaque dictionnaire représente une ligne du fichier CSV et mappe les en-têtes de colonnes à leurs valeurs correspondantes.
3. Calculer et retourner la moyenne d'une colonne numérique spécifiée (par exemple, "prix", "score"). Le nom de la colonne à moyenner doit être passé comme argument à la fonction.

Exemple d'Entrée/Sortie

Supposons que donnees.csv contienne :

```
nom,prix,quantite
pomme,1.0,10
banane,0.5,20
orange,0.75,15

>>> traiter_csv("donnees.csv", "prix")
0.75

>>> traiter_csv("donnees.csv", "quantite")
```

Concepts Clés

- **Connaissances Préalables** : Fichiers, chaînes de caractères, listes, dictionnaires, boucles, le module csv.
- **Nouveaux Concepts** : Analyse CSV, conversion de données, calculs sur des données CSV.

Réflexion

- **Stratégies de Résolution de Problèmes** :

  1. **Analyse CSV** : Utiliser le module csv (spécifiquement csv.DictReader) pour analyser efficacement les données CSV et créer directement des dictionnaires pour chaque ligne.
  2. **Conversion de Données** : Convertir les valeurs numériques de chaînes de caractères en nombres (par exemple, en utilisant float()).
  3. **Calculer la Moyenne** : Itérer à travers la liste de dictionnaires, extraire les valeurs de la colonne spécifiée, calculer la somme et diviser par le nombre de lignes.
  4. **Gestion des Erreurs** : Gérer les FileNotFoundError ou ValueError potentielles (si la colonne spécifiée n'est pas numérique).

- **Pièges Potentiels** :

  ▶ **Ligne d'En-Tête** : Assurez-vous de gérer correctement la ligne d'en-tête. csv.-DictReader gère cela automatiquement.
  ▶ **Types de Données** : Soyez attentif aux types de données lorsque vous effectuez des calculs. Convertissez les chaînes de caractères en nombres si nécessaire.

La Solution

Approches Possibles

- **Analyse Manuelle** : Analyser manuellement les données CSV à l'aide de la manipulation de chaînes de caractères et de boucles. Moins efficace et plus sujet aux erreurs que d'utiliser le module csv.
- **csv.reader** : Utiliser csv.reader et créer manuellement des dictionnaires. Plus de travail que csv.DictReader.
- **csv.DictReader** : Utiliser csv.DictReader pour lire directement les lignes CSV dans des dictionnaires, ce qui est l'approche la plus efficace et la plus pythonique.

Notre Approche

Nous utiliserons csv.DictReader pour son efficacité et sa commodité.

Code Complet

```python
import csv #❶

def traiter_csv(nom_fichier, colonne_a_moyenner): #❷
    try: #❸ Gérer les erreurs
        with open(nom_fichier, 'r') as fichier_csv: #❹
            lecteur = csv.DictReader(fichier_csv) #❺
            valeurs_colonne = [] #❻
            for ligne in lecteur: #❼
                try: #❽
                    valeur = float(ligne[colonne_a_moyenner]) #❾
                    valeurs_colonne.append(valeur) #❿
                except ValueError: #⓫
                    print(f"Valeur non numérique ignorée :
{ligne[colonne_a_moyenner]}") #⓬
            if valeurs_colonne: #⓭
                return sum(valeurs_colonne) / len(valeurs_colonne) #
Retourner la moyenne
            else:
                return 0 #⓮
    except FileNotFoundError:
        print("Fichier non trouvé.")
        return None #⓯
```

Explication du Code

❶ **Importer** csv : Importe le module csv.

❷ **Définir** traiter_csv() : Définit la fonction.

❸ **Gérer les Erreurs de Fichier et de Valeur** : Utilise un bloc try-except pour gérer les erreurs de fichier et de valeur.

❹ **Ouvrir le Fichier CSV** : Ouvre le fichier CSV en mode lecture ('r').

❺ **Créer** DictReader : Crée un objet csv.DictReader pour lire les données CSV sous forme de dictionnaires.

❻ **Initialiser** valeurs_colonne : Crée une liste vide pour stocker les valeurs de la colonne spécifiée.

❼ **Itérer à Travers les Lignes** : Parcourt chaque ligne du fichier CSV (chaque ligne est un dictionnaire).

❽ Gérer les Valeurs Non Numériques : Utilise un bloc `try-except` imbriqué pour gérer les exceptions `ValueError` potentielles si une valeur dans la colonne spécifiée n'est pas numérique.

❾ Convertir en Float : Convertit la valeur en un float.

❿ Ajouter à `valeurs_colonne` : Ajoute la valeur numérique à la liste.

⓫ Attraper `ValueError` : Attrape l'exception si la valeur ne peut pas être convertie en float.

⓬ Afficher un Avertissement : Affiche un message d'avertissement pour les valeurs non numériques.

⓭ Calculer et Retourner la Moyenne : Si `valeurs_colonne` n'est pas vide, calcule et retourne la moyenne.

⓮ Retourner 0 pour une Liste Vide : Si aucune valeur numérique n'a été trouvée dans la colonne, retourner 0.

⓯ Retourner `None` si le Fichier est Introuvable : Si le fichier est introuvable, afficher un message et retourner `None`.

7. Programmation Orientée Objet

La programmation orientée objet (POO) est un paradigme de programmation puissant qui vous permet d'organiser votre code autour d'« objets », qui encapsulent les données (attributs) et les actions (méthodes) qui opèrent sur ces données. Cette section présente les concepts fondamentaux de la POO en Python, notamment les classes, les objets, l'héritage, le polymorphisme et l'encapsulation.

Bases de la Programmation Orientée Objet

La programmation orientée objet (POO) est un paradigme puissant qui vous permet de structurer votre code autour d'objets, qui combinent des données (attributs) et des actions (méthodes) qui opèrent sur ces données. Cet exercice introduit les concepts fondamentaux de la POO en Python en créant une simple classe Chien.

Le Défi

Créez une classe Python appelée Chien. La classe Chien doit avoir les attributs suivants :

- nom (une chaîne de caractères représentant le nom du chien)
- race (une chaîne de caractères représentant la race du chien)
- age (un entier représentant l'âge du chien)

La classe doit également avoir une méthode appelée aboyer() qui affiche "Woof !".

Exemple d'Entrée/Sortie

```
>>> mon_chien = Chien("Buddy", "Golden Retriever", 3)  # Créer un
objet Chien
>>> print(mon_chien.nom)
Buddy
>>> print(mon_chien.race)
Golden Retriever
>>> print(mon_chien.age)
3
>>> mon_chien.aboyer()
Woof !
```

Concepts Clés

- **Connaissances Préalables** : Fonctions, variables, syntaxe Python de base.

- **Nouveaux Concepts :**

  - **Classes** : Plans pour créer des objets.
  - **Objets** : Instances d'une classe.
  - **Attributs** : Variables associées à un objet.
  - **Méthodes** : Fonctions associées à un objet.
  - `self` : Une référence à l'objet actuel.
  - **Méthode `__init__` (Constructeur)** : Une méthode spéciale utilisée pour initialiser les attributs d'un objet.

Réflexion

- **Stratégies de Résolution de Problèmes :**

  1. **Définition de la Classe** : Utiliser le mot-clé `class` pour définir la classe `Chien`.
  2. **Méthode `__init__`** : Définir la méthode `__init__` pour initialiser les attributs `nom`, `race` et `age`. La méthode `__init__` doit prendre `self`, `nom`, `race` et `age` comme arguments.
  3. **Méthode `aboyer()`** : Définir la méthode `aboyer()`. La méthode `aboyer()` doit prendre `self` comme argument et afficher "Woof !".

- **Pièges Potentiels :**

  - **Oublier `self`** : Le paramètre `self` est requis pour toutes les méthodes d'instance, y compris `__init__` et `aboyer()`. Il fait référence à l'objet actuel.

La Solution

Approches Possibles

Il n'y a vraiment qu'une seule façon standard de définir des classes et des objets en Python, et c'est ce que nous allons démontrer.

Notre Approche

Nous allons définir la classe `Chien` avec les attributs spécifiés et la méthode `aboyer()`.

Code Complet

```
class Chien: #❶
    def __init__(self, nom, race, age): #❷
        self.nom = nom #❸
```

```
        self.race = race
        self.age = age

    def aboyer(self): #❹
        print("Woof !") #❺
```

Explication du Code

❶ **Définir la Classe** Chien : L'instruction class Chien: définit la classe.

❷ **Méthode __init__ (Constructeur)** : La méthode __init__ est une méthode spéciale appelée constructeur. Elle est automatiquement appelée lorsque vous créez un nouvel objet Chien. Elle prend self (une référence à l'objet en cours de création), nom, race et age comme arguments.

❸ **Initialiser les Attributs** : À l'intérieur de __init__, les lignes self.nom = nom, self.race = race et self.age = age initialisent les attributs de l'objet avec les valeurs fournies lors de la création de l'objet.

❹ **Méthode** aboyer() : La méthode aboyer() est une fonction associée à la classe Chien. Elle prend self comme argument.

❺ **Afficher "Woof !"** : À l'intérieur de aboyer(), l'instruction print("Woof !") affiche "Woof !" sur la console.

Personnaliser les Représentations des Chaînes de Caractères

Lorsque vous travaillez avec des objets, il est souvent utile de définir comment ils doivent être représentés sous forme de chaînes de caractères. Python fournit deux méthodes spéciales pour cela : `__str__` et `__repr__`. Cet exercice vous aidera à comprendre la différence entre ces méthodes et comment les utiliser pour créer des représentations de chaînes de caractères informatives et conviviales pour vos objets.

Le Défi

Étendez la classe `Chien` de l'exercice précédent (Exercice 36) en ajoutant les méthodes `__str__` et `__repr__`.

- La méthode `__str__` doit retourner une représentation de chaîne de caractères conviviale de l'objet `Chien`, adaptée à l'affichage aux utilisateurs finaux.
- La méthode `__repr__` doit retourner une chaîne de caractères qui représente sans ambiguïté l'objet `Chien`, idéalement d'une manière qui vous permet de recréer l'objet à l'aide de `eval()`.

Exemple d'Entrée/Sortie

```
>>> mon_chien = Chien("Buddy", "Golden Retriever", 3)
>>> print(mon_chien)  # Appelle __str__
Buddy le Golden Retriever a 3 ans.

>>> mon_chien  # Dans l'interpréteur interactif, cela appelle __repr__
Chien(nom='Buddy', race='Golden Retriever', age=3)
```

```
>>> eval(repr(mon_chien)) # Utilisation de eval() pour recréer l'objet
à partir de son __repr__
Chien(nom='Buddy', race='Golden Retriever', age=3)
```

Concepts Clés

- **Connaissances Préalables** : Classes, objets, méthodes, chaînes de caractères, f-strings (ou autres techniques de formatage de chaînes).
- **Nouveaux Concepts** : Méthodes __str__ et __repr__, représentation d'objets, eval().

Réflexion

- **Stratégies de Résolution de Problèmes** :

  1. **Méthode __str__** : Créer une chaîne de caractères conviviale qui décrit le chien (par exemple, "Buddy le Golden Retriever a 3 ans.").
  2. **Méthode __repr__** : Créer une chaîne de caractères qui inclut le nom de la classe et les valeurs de tous les attributs de l'objet. Cette chaîne doit être du code Python valide qui peut être utilisé pour recréer l'objet Chien.

- **Pièges Potentiels** :

  - **Confondre __str__ et __repr__** : Se souvenir de leurs objectifs distincts : sortie conviviale pour l'utilisateur vs représentation non ambiguë de l'objet.
  - **Sécurité de eval()** : Bien que nous visions à rendre la sortie de __repr__ utilisable avec eval(), soyez prudent lorsque vous utilisez eval() avec des entrées non fiables, car cela peut présenter des risques de sécurité.

La Solution

Approches Possibles

Nous allons implémenter les méthodes __str__ et __repr__ pour démontrer leurs rôles distincts.

Notre Approche

Nous allons créer des représentations de chaînes de caractères conviviales et non ambiguës pour nos objets Chien.

Code Complet

```
class Chien:
    def __init__(self, nom, race, age): #❶
```

```
        self.nom = nom
        self.race = race
        self.age = age

    def aboyer(self):
        print("Woof !")

    def __str__(self): #❷
        return f"{self.nom} le {self.race} a {self.age} ans." #❸

    def __repr__(self): #❹
        return f"Chien(nom='{self.nom}', race='{self.race}',
age={self.age})" #❺
```

Explication du Code

❶ **Méthode** `__init__` : (Identique à l'exercice 36).

❷ **Méthode** `__str__` : Définit la représentation de chaîne de caractères conviviale.

❸ **Chaîne Conviviale** : Retourne une chaîne descriptive du chien.

❹ **Méthode** `__repr__` : Définit la représentation de chaîne de caractères non ambiguë.

❺ **Chaîne Reproductible** : Retourne une chaîne de caractères qui peut être utilisée pour recréer l'objet à l'aide de `eval()`.

Bonus Python !

- `__str__` vs. `__repr__` :
  - ▶ `__str__` est appelé par `print()` et `str()`. Il est destiné à une sortie conviviale pour l'utilisateur.
  - ▶ `__repr__` est appelé par l'interpréteur interactif lorsque vous tapez simplement le nom de l'objet. Il est destiné aux développeurs et doit fournir une représentation plus détaillée et non ambiguë. Si `__str__` n'est pas défini, `__repr__` sera utilisé en secours.
- `eval()` : La fonction `eval()` exécute une chaîne de caractères comme du code Python. C'est une fonction puissante mais potentiellement dangereuse, alors utilisez-la avec prudence, en particulier avec des entrées non fiables.

Banque Python

Construire une classe `CompteBancaire` est un exercice classique de programmation orientée objet. Il vous permet de vous entraîner à encapsuler des données (solde, titulaire du compte, etc.) et des actions (dépôt, retrait) au sein d'une structure de classe. Cet exercice vous mettra au défi de créer une classe `CompteBancaire` avec des méthodes pour gérer les soldes des comptes et les transactions.

Le Défi

Créez une classe Python appelée `CompteBancaire`. La classe `CompteBancaire` doit avoir les attributs suivants :

- `numero_compte` (une chaîne de caractères représentant le numéro de compte unique)
- `titulaire_compte` (une chaîne de caractères représentant le nom du titulaire du compte)
- `solde` (un nombre à virgule flottante représentant le solde du compte, initialisé à 0)

La classe doit également avoir les méthodes suivantes :

- `deposer(montant)` : Ajoute le `montant` spécifié (un nombre à virgule flottante) au `solde`. Lève une `ValueError` si le montant est négatif.
- `retirer(montant)` : Soustrait le `montant` spécifié du `solde`. Lève une `ValueError` si le montant est négatif ou s'il n'y a pas suffisamment de fonds.
- `obtenir_solde()` : Retourne le solde actuel.

Exemple d'Entrée/Sortie

```
>>> compte = CompteBancaire("1234567890", "Alice")
>>> compte.obtenir_solde()
0.0
>>> compte.deposer(100.0)
>>> compte.obtenir_solde()
100.0
>>> compte.retirer(50.0)
>>> compte.obtenir_solde()
```

```
50.0
>>> compte.retirer(75.0)  # Fonds insuffisants
Traceback (most recent call last):
  File "<stdin>", line 1, in <module>
  File "<stdin>", line 14, in retirer
ValueError: Fonds insuffisants.
```

Concepts Clés

- **Connaissances Préalables** : Classes, objets, attributs, méthodes, le mot-clé `self`, gestion des erreurs.
- **Nouveaux Concepts** : Encapsulation, validation des données dans les méthodes.

Réflexion

- **Stratégies de Résolution de Problèmes** :

  1. **Définition de la Classe** : Définir la classe `CompteBancaire` avec `__init__` pour initialiser les attributs.
  2. **Méthode** `deposer()` : Implémenter la logique pour ajouter au solde, en gérant les entrées négatives.
  3. **Méthode** `retirer()` : Implémenter la logique pour soustraire du solde, en gérant les entrées négatives et les fonds insuffisants.
  4. **Méthode** `obtenir_solde()` : Retourner le solde actuel.

- **Pièges Potentiels** :

  - **Dépôts/Retraits Négatifs** : Assurez-vous que vos méthodes gèrent correctement les entrées négatives.
  - **Fonds Insuffisants** : Gérer le cas où l'utilisateur essaie de retirer plus d'argent que disponible.

La Solution

Approches Possibles

Il existe une approche courante et simple pour définir la classe `CompteBancaire` avec les fonctionnalités spécifiées, et c'est ce que nous allons démontrer.

Notre Approche

Nous allons encapsuler les données et les opérations du compte dans la classe `CompteBancaire`.

Code Complet

```python
class CompteBancaire: #❶
    def __init__(self, numero_compte, titulaire_compte): #❷
        self.numero_compte = numero_compte #❸
        self.titulaire_compte = titulaire_compte
        self.solde = 0.0 #❹

    def deposer(self, montant): #❺
        if montant < 0: #❻
            raise ValueError("Le montant du dépôt doit être positif.")
#❼
        self.solde += montant #❽

    def retirer(self, montant): #❾
        if montant < 0: #❿
            raise ValueError("Le montant du retrait doit être
positif.") #⓫
        if montant > self.solde: #⓬
            raise ValueError("Fonds insuffisants.") #⓭
        self.solde -= montant #⓮

    def obtenir_solde(self): #⓯
        return self.solde #⓰
```

Explication du Code

❶ **Définir la Classe** CompteBancaire : Définit la classe.

❷ __init__ **(Constructeur)** : Initialise numero_compte, titulaire_compte et solde.

❸ **Définir les Attributs** : Affecte les valeurs initiales aux attributs de l'objet.

❹ **Solde Initial** : Définit le solde de départ à 0.0.

❺ **Méthode** deposer() : Définit la méthode deposer().

❻ **Valider le Montant du Dépôt** : Vérifie si le montant est positif.

❼ **Lever** ValueError **(Dépôt)** : Lève une exception pour les montants de dépôt négatifs.

❽ **Augmenter le Solde** : Ajoute le montant au solde.

❾ **Méthode** retirer() : Définit la méthode retirer().

❿ **Valider le Montant du Retrait** : Vérifie si le montant est positif.

⑪ Lever ValueError **(Retrait Négatif)** : Lève une exception pour les montants de retrait négatifs.

⑫ Vérifier les Fonds Suffisants : Vérifie s'il y a suffisamment de solde.

⑬ Lever ValueError **(Fonds Insuffisants)** : Lève une exception s'il n'y a pas suffisamment de fonds.

⑭ Diminuer le Solde : Soustrait le montant du solde.

⑮ Méthode obtenir_solde() : Définit la méthode pour récupérer le solde.

⑯ Retourner solde : Retourne le solde actuel.

Héritage de Formes

L'héritage est un mécanisme puissant de la programmation orientée objet qui vous permet de créer de nouvelles classes (sous-classes) qui héritent des attributs et des méthodes de classes existantes (super-classes). Cela favorise la réutilisation du code et vous permet d'établir des relations « est un » entre les classes. Dans cet exercice, nous allons construire une hiérarchie de classes de formes pour illustrer l'héritage.

Le Défi

Créez une hiérarchie de classes Python pour représenter différentes formes géométriques :

1. `Forme` **(Classe de Base)** : Une classe de base abstraite. Elle doit avoir un attribut `couleur` (une chaîne de caractères) et une méthode abstraite `calculer_aire()`. Les méthodes abstraites sont des espaces réservés qui doivent être implémentés par les sous-classes. La classe `Forme` doit également avoir une méthode `__str__` qui retourne une représentation sous forme de chaîne de caractères de la forme, y compris sa couleur.
2. `Cercle` **(Sous-Classe de** `Forme`**)** : Doit avoir un attribut `rayon` (un nombre à virgule flottante) et implémenter la méthode `calculer_aire()` pour calculer l'aire d'un cercle (`pi * rayon**2`).
3. `Rectangle` **(Sous-Classe de** `Forme`**)** : Doit avoir des attributs `longueur` et `largeur` (nombres à virgule flottante) et implémenter `calculer_aire()` pour calculer l'aire d'un rectangle (`longueur * largeur`).
4. `Triangle` **(Sous-Classe de** `Forme`**)** : Doit avoir des attributs `base` et `hauteur` (nombres à virgule flottante) et implémenter `calculer_aire()` pour calculer l'aire d'un triangle (`0.5 * base * hauteur`).

Exemple d'Entrée/Sortie

```
>>> cercle = Cercle("rouge", 5.0)
>>> print(cercle)
Cercle rouge avec un rayon de 5.0
>>> cercle.calculer_aire()
78.53981633974483
```

```
>>> rectangle = Rectangle("bleu", 4.0, 6.0)
>>> print(rectangle)
Rectangle bleu avec une longueur de 4.0 et une largeur de 6.0
>>> rectangle.calculer_aire()
24.0

>>> triangle = Triangle("vert", 3.0, 8.0)
>>> print(triangle)
Triangle vert avec une base de 3.0 et une hauteur de 8.0
>>> triangle.calculer_aire()
12.0
```

Concepts Clés

- **Connaissances Préalables** : Classes, objets, attributs, méthodes, __init__, __str__.
- **Nouveaux Concepts** : Héritage, classes de base abstraites, méthodes abstraites, redéfinition de méthode, le module abc (facultatif).

Réflexion

- **Stratégies de Résolution de Problèmes** :

  1. **Classe de Base Abstraite (Forme)** : Définir la classe Forme avec un attribut couleur et la méthode calculer_aire(). Vous pouvez utiliser le module abc (Abstract Base Classes) pour définir formellement Forme comme une classe abstraite et calculer_aire() comme une méthode abstraite. C'est une bonne pratique mais pas strictement nécessaire pour l'héritage de base.
  2. **Sous-Classes** : Définir les classes Cercle, Rectangle et Triangle, héritant de Forme.
  3. **Méthodes __init__** : Dans la méthode __init__ de chaque sous-classe, appeler super().__init__(couleur) pour initialiser l'attribut couleur hérité de Forme, puis initialiser les attributs spécifiques de la sous-classe (rayon, longueur/largeur, base/hauteur).
  4. **Redéfinir calculer_aire()** : Implémenter la méthode calculer_aire() dans chaque sous-classe pour calculer l'aire de la forme respective.
  5. **Redéfinir __str__ (Facultatif mais Recommandé)** : Redéfinir la méthode __str__ dans chaque sous-classe pour fournir une représentation sous forme de chaîne de caractères plus spécifique.

- **Pièges Potentiels** :

  ▸ **Oublier super()** : N'oubliez pas d'appeler super().__init__() dans les méthodes __init__ des sous-classes pour initialiser les attributs hérités.
  ▸ **Calculs d'Aire Incorrects** : Vérifiez les formules d'aire pour chaque forme.

La Solution

Approches Possibles

- **Sans le Module** abc : Implémenter l'héritage sans définir formellement une classe de base abstraite. C'est plus simple mais moins robuste.
- **Avec le Module** abc : Utiliser abc.ABC et @abstractmethod pour créer une classe de base abstraite formelle. Ceci est considéré comme la meilleure pratique pour les projets plus importants et impose l'implémentation de méthodes abstraites dans les sous-classes.

Notre Approche

Nous allons démontrer l'approche la plus simple sans le module abc pour cet exercice d'introduction, mais nous expliquerons comment utiliser abc dans la section « Bonus Python ! ».

Code Complet

```python
import math  #❶

class Forme: #❷
    def __init__(self, couleur): #❸
        self.couleur = couleur #❹

    def calculer_aire(self): #❺
        raise NotImplementedError #❻


    def __str__(self): #❼
        return f"{self.couleur.title()} forme" #❽


class Cercle(Forme): #❾
    def __init__(self, couleur, rayon): #❿
        super().__init__(couleur) #⓫
        self.rayon = rayon #⓬

    def calculer_aire(self): #⓭
        return math.pi * self.rayon**2 #⓮

    def __str__(self): # Redéfinir __str__
        return f"{self.couleur.title()} cercle avec un rayon de
{self.rayon}"
```

```python
class Rectangle(Forme):
    def __init__(self, couleur, longueur, largeur):
        super().__init__(couleur)
        self.longueur = longueur
        self.largeur = largeur

    def calculer_aire(self):
        return self.longueur * self.largeur

    def __str__(self): # Redéfinir __str__
        return f"{self.couleur.title()} rectangle avec une longueur de
{self.longueur} et une largeur de {self.largeur}"



class Triangle(Forme):
    def __init__(self, couleur, base, hauteur):
        super().__init__(couleur)
        self.base = base
        self.hauteur = hauteur

    def calculer_aire(self):
        return 0.5 * self.base * self.hauteur

    def __str__(self): # Redéfinir __str__
        return f"{self.couleur.title()} triangle avec une base de
{self.base} et une hauteur de {self.hauteur}"
```

Explication du Code

❶ Importer math : Importe le module math pour math.pi.

❷ Définir la Classe Forme : Définit la classe de base.

❸ Forme.__init__ : Initialise l'attribut couleur.

❹ Définir couleur : Affecte la couleur d'entrée à self.couleur.

❺ calculer_aire() **(Méthode Abstraite)** : Lève une NotImplementedError pour indiquer que les sous-classes doivent implémenter cette méthode.

❻ NotImplementedError : Cette exception signifie que la méthode est abstraite et doit être redéfinie.

❼ `Forme.__str__` : Définit une représentation de chaîne de caractères de base pour toutes les formes.

❽ Retourner la Chaîne : Retourne une chaîne incluant la couleur de la forme.

❾ Définir la Classe `Cercle` : Définit la sous-classe `Cercle`, héritant de `Forme`.

❿ `Cercle.__init__` : Initialise un objet `Cercle`.

⓫ Appeler `super().__init__()` : Appelle la méthode `__init__` de la classe `Forme` pour initialiser l'attribut `couleur`.

⓬ Définir `rayon` : Initialise l'attribut `rayon`.

⓭ `Cercle.calculer_aire()` : Redéfinit la méthode abstraite `calculer_aire()`.

⓮ Calculer et Retourner l'Aire : Calcule et retourne l'aire du cercle.

(Les classes `Rectangle` et `Triangle` suivent une structure similaire, héritant de `Forme` et redéfinissant les méthodes nécessaires.)

Bonus Python !

- **Classes de Base Abstraites (module** `abc`**)** : Pour un héritage plus robuste, utilisez le module abc pour définir des classes de base abstraites et des méthodes abstraites. Cela garantit que les sous-classes implémentent les méthodes abstraites.

```python
from abc import ABC, abstractmethod

class Forme(ABC):  # Hériter de ABC
    # ... (reste du code)

    @abstractmethod  # Décorateur pour les méthodes abstraites
    def calculer_aire(self):
        pass
```

Cris d'Animaux

Le polymorphisme, qui signifie « plusieurs formes », est un concept puissant de la programmation orientée objet qui vous permet d'utiliser des objets de différentes classes de manière uniforme. Cet exercice démontrera le polymorphisme en créant une hiérarchie de classes d'animaux, chacune avec son propre son unique, puis en utilisant une boucle pour faire parler divers animaux.

Le Défi

Créez une hiérarchie de classes Python pour représenter différents animaux :

1. `Animal` (**Classe de Base**) : Doit avoir un attribut `nom` (une chaîne de caractères) et une méthode `parler()`. La méthode `parler()` doit afficher un message générique comme « Son d'animal générique ».
2. `Chien` (**Sous-Classe d'**`Animal`) : Redéfinir la méthode `parler()` pour afficher « Woof ! ».
3. `Chat` (**Sous-Classe d'**`Animal`) : Redéfinir la méthode `parler()` pour afficher « Miaou ! ».
4. `Oiseau` (**Sous-Classe d'**`Animal`) : Redéfinir la méthode `parler()` pour afficher « Chirp ! ».

Créez une liste d'objets `Animal` (y compris des instances de `Chien`, `Chat` et `Oiseau`) et utilisez une boucle pour appeler la méthode `parler()` sur chaque animal. Observez comment le polymorphisme vous permet de traiter différents types d'animaux de manière uniforme.

Exemple d'Entrée/Sortie

```
>>> animaux = [Chien("Buddy"), Chat("Whiskers"), Oiseau("Tweety")]
>>> for animal in animaux:
...     animal.parler()
...
Woof !
Miaou !
Chirp !
```

Concepts Clés

- **Connaissances Préalables** : Classes, objets, méthodes, héritage, redéfinition de méthode, listes, boucles.
- **Nouveaux Concepts** : Polymorphisme.

Réflexion

- **Stratégies de Résolution de Problèmes** :

  1. **Classe de Base (**`Animal`**)** : Définir la classe `Animal` avec `nom` et une méthode `parler()` de base.
  2. **Sous-Classes (**`Chien`, `Chat`, `Oiseau`**)** : Définir des sous-classes, héritant d'`Animal`.
  3. **Redéfinir** `parler()` : Dans chaque sous-classe, redéfinir la méthode `parler()` pour afficher le son spécifique de l'animal.
  4. **Liste d'Animaux** : Créer une liste contenant des instances de différentes sous-classes d'animaux.
  5. **Boucle Polymorphe** : Utiliser une boucle `for` pour parcourir la liste et appeler `parler()` sur chaque animal.

- **Pièges Potentiels** :

  - **Oublier de Redéfinir** `parler()` : Si vous ne redéfinissez pas `parler()` dans les sous-classes, le message générique de la classe de base sera affiché.

La Solution

Approches Possibles

La façon standard de démontrer le polymorphisme est de créer une hiérarchie de classes et de redéfinir les méthodes, ce qui est l'approche que nous allons adopter.

Notre Approche

Nous allons définir une classe de base `Animal` et des sous-classes avec des méthodes `parler()` redéfinies.

Code Complet

```python
class Animal: #❶
    def __init__(self, nom): #❷
        self.nom = nom #❸

    def parler(self): #❹
        print("Son d'animal générique") #❺
```

```
class Chien(Animal): #❻
    def parler(self): #❼
        print("Woof !") #❽


class Chat(Animal):
    def parler(self): # Redéfinir parler()
        print("Miaou !") # Son du chat


class Oiseau(Animal):
    def parler(self): # Redéfinir parler()
        print("Chirp !") # Son de l'oiseau


animaux = [Chien("Buddy"), Chat("Whiskers"), Oiseau("Tweety")] #❾
for animal in animaux: #❿
    animal.parler() #⓫
```

Explication du Code

❶ **Définir la Classe** `Animal` : Définit la classe de base.

❷ `Animal.__init__` : Initialise l'attribut nom.

❸ **Définir** nom : Affecte le nom donné à l'attribut nom de l'objet.

❹ `Animal.parler()` : Définit la méthode `parler()` de base.

❺ **Son Générique** : Affiche un son d'animal générique.

❻ **Définir la Classe** `Chien` : Définit la sous-classe `Chien`, héritant d'`Animal`.

❼ `Chien.parler()` : Redéfinit la méthode `parler()` de la classe `Animal`.

❽ **Son du Chien** : Affiche « Woof ! ».

(Les classes `Chat` et `Oiseau` suivent une structure similaire, redéfinissant `parler()`).

❾ **Créer la Liste** `animaux` : Crée une liste d'objets `Animal`, y compris des instances de sous-classes.

❿ **Boucle à Travers** `animaux` : Une boucle for parcourt la liste `animaux`.

⓫ **Appel Polymorphe de** `parler()` : La méthode `parler()` est appelée sur chaque objet animal. Grâce au polymorphisme, la version correcte de `parler()` (soit de la classe de base, soit d'une sous-classe) est appelée en fonction du type réel de l'objet.

Bonus Python !

- **Polymorphisme et Typage Dynamique** : Le polymorphisme en Python est étroitement lié au concept de « typage dynamique », ce qui signifie que le type d'un objet est moins important que son comportement (ses méthodes). Si ça marche comme un canard et ça cancane comme un canard, c'est un canard - ou, dans notre cas, si ça a une méthode `parler()`, ça peut être traité comme un `Animal`, quel que soit sa sous-classe spécifique.

Construire une Voiture

La composition est une technique de programmation orientée objet où une classe est composée d'autres objets. Cela crée des relations « a un » entre les classes, vous permettant de construire des objets complexes à partir d'objets plus simples. Dans cet exercice, nous allons créer une classe Voiture qui est composée d'un Moteur, de Roues et d'autres composants.

Le Défi

Créez un ensemble de classes Python pour représenter une voiture et ses composants :

1. Moteur : Doit avoir un attribut puissance (un entier) et une méthode demarrer() qui affiche « Moteur démarré ».
2. Roues : Doit avoir un attribut nombre_roues (un entier) et une méthode tourner() qui affiche « Roues en rotation ».
3. Voiture : Doit avoir des attributs pour moteur (un objet Moteur), roues (un objet Roues) et couleur (une chaîne de caractères). Elle doit également avoir les méthodes demarrer() (qui appelle la méthode demarrer() du moteur) et conduire() (qui appelle la méthode tourner() des roues et affiche « La voiture roule »).

Exemple d'Entrée/Sortie

```
>>> moteur = Moteur(250)
>>> roues = Roues(4)
>>> ma_voiture = Voiture(moteur, roues, "rouge")

>>> ma_voiture.demarrer()
Moteur démarré

>>> ma_voiture.conduire()
Roues en rotation
La voiture roule
```

Concepts Clés

- **Connaissances Préalables** : Classes, objets, attributs, méthodes.
- **Nouveaux Concepts** : Composition, relations « a un ».

Réflexion

- **Stratégies de Résolution de Problèmes :**

  1. **Classes de Composants** : Définir les classes `Moteur` et `Roues` avec leurs attributs et méthodes respectifs.
  2. **Classe `Voiture`** : Définir la classe `Voiture` avec des attributs pour contenir les objets `Moteur` et `Roues`.
  3. **Composition dans `__init__`** : Dans la méthode `__init__` de la classe `Voiture`, accepter les objets `moteur` et `roues` comme arguments et les stocker comme attributs.
  4. **Déléguer les Méthodes** : Les méthodes `demarrer()` et `conduire()` de la classe `Voiture` doivent appeler les méthodes correspondantes de ses objets composants.

- **Pièges Potentiels :**

  - **Créer des Composants à l'Intérieur de `Voiture`** : Bien que vous *puissiez* créer les objets `Moteur` et `Roues` à l'intérieur du `__init__` de `Voiture`, il est préférable de les passer comme arguments pour démontrer la composition plus clairement et permettre une plus grande flexibilité.

La Solution

Approches Possibles

L'approche standard de la composition est de créer des classes qui contiennent des instances d'autres classes comme attributs, ce que nous allons démontrer.

Notre Approche

Nous allons créer des classes distinctes pour les composants de la voiture et les composer au sein de la classe `Voiture`.

Code Complet

```python
class Moteur: #❶
    def __init__(self, puissance): #❷
        self.puissance = puissance #❸

    def demarrer(self): #❹
        print("Moteur démarré") #❺
```

```
class Roues:
    def __init__(self, nombre_roues):
        self.nombre_roues = nombre_roues

    def tourner(self): # Méthode tourner()
        print("Roues en rotation")


class Voiture: #❻
    def __init__(self, moteur, roues, couleur): #❼
        self.moteur = moteur #❽
        self.roues = roues
        self.couleur = couleur

    def demarrer(self): #❾
        self.moteur.demarrer() #❿

    def conduire(self):
        self.roues.tourner()
        print("La voiture roule")
```

Explication du Code

❶ **Définir la Classe** Moteur : Définit la classe Moteur.

❷ Moteur.__init__ : Initialise l'attribut puissance.

❸ **Définir** puissance : Affecte la valeur puissance donnée.

❹ Moteur.demarrer() : Définit la méthode demarrer().

❺ **Afficher le Message** : Affiche « Moteur démarré ».

❻ **Définir la Classe** Voiture : Définit la classe Voiture.

❼ Voiture.__init__ : Initialise les attributs moteur, roues et couleur. Notez que moteur et roues sont censés être des objets des classes Moteur et Roues respectivement. C'est la composition : la Voiture *a un* Moteur et *a des* Roues.

❽ **Composition** : Les lignes self.moteur = moteur et self.roues = roues démontrent la composition. L'objet Voiture stocke des instances d'autres classes comme attributs.

❾ Voiture.demarrer() : Définit la méthode demarrer() pour la voiture.

❿ Déléguer à `Moteur.demarrer()` : Appelle la méthode `demarrer()` de l'objet `moteur`. Cela démontre comment la `Voiture` délègue le comportement de démarrage à son composant `Moteur`.

Bonus Python !

- **Composition vs. Héritage** : La composition (« a un ») et l'héritage (« est un ») sont deux concepts fondamentaux de la POO. Choisissez la composition lorsqu'un objet est *composé* d'autres objets, et l'héritage lorsqu'un objet *est un type* d'un autre objet.
- **Avantages de la Composition** : La composition favorise la flexibilité et le couplage lâche entre les classes. Elle vous permet de changer facilement le comportement d'une classe en échangeant ses composants.

EXERCICE 42:

Surcharge d'Opérateurs

La surcharge d'opérateurs vous permet de définir le comportement des opérateurs intégrés (comme +, -, *, etc.) lorsqu'ils sont utilisés avec des objets de vos classes personnalisées. Cela peut rendre votre code plus intuitif et expressif. Dans cet exercice, nous allons étendre notre classe `CompteBancaire` de l'exercice 38 pour prendre en charge l'addition et la soustraction à l'aide des opérateurs + et -.

Le Défi

Étendez la classe `CompteBancaire` de l'exercice 38 pour prendre en charge les opérations suivantes :

- **Addition (+)** : Ajouter un nombre (un `float`) à un objet `CompteBancaire` doit déposer ce montant sur le compte.
- **Soustraction (-)** : Soustraire un nombre d'un objet `CompteBancaire` doit retirer ce montant du compte.

Exemple d'Entrée/Sortie

```
>>> compte = CompteBancaire("1234567890", "Alice")
>>> compte.solde
0.0
>>> compte + 100.0  # Déposer en utilisant +
>>> compte.solde
100.0
>>> compte - 50.0  # Retirer en utilisant -
>>> compte.solde
50.0
>>> compte - 75  # Tentative de découvert en utilisant -
Traceback (most recent call last):
  File "<stdin>", line 1, in <module>
  File "<stdin>", line 21, in __sub__
ValueError: Fonds insuffisants.
```

Concepts Clés

- **Connaissances Préalables** : Classes, objets, méthodes, surcharge d'opérateurs.
- **Nouveaux Concepts** : Méthodes spéciales `__add__` et `__sub__`.

Réflexion

- **Stratégies de Résolution de Problèmes** :

  1. `__add__(self, other)` : Implémenter la méthode `__add__`, qui prend `self` (l'objet `CompteBancaire`) et `other` (le montant à déposer) comme arguments. La méthode doit ajouter `other` au `solde` et retourner l'objet `CompteBancaire` mis à jour (`self`).

  2. `__sub__(self, other)` : Implémenter la méthode `__sub__`, qui prend `self` et `other` (le montant à retirer) comme arguments. Soustraire `other` du `solde` et retourner `self`. Gérer les exceptions `ValueError` potentielles pour les montants négatifs et les fonds insuffisants.

- **Pièges Potentiels** :

  - **Retourner `self`** : Les méthodes `__add__` et `__sub__` doivent retourner l'objet `CompteBancaire` mis à jour (`self`) afin que les opérateurs surchargés fonctionnent correctement dans les opérations chaînées (par exemple, `compte + 100 - 25`).

  - **Validation des Données** : S'assurer que la méthode `__sub__` gère correctement les retraits négatifs et les découverts.

La Solution

Approches Possibles

La façon standard de surcharger les opérateurs est d'implémenter les méthodes spéciales correspondantes (`__add__`, `__sub__`, etc.).

Notre Approche

Nous allons implémenter `__add__` et `__sub__` pour surcharger les opérateurs + et – respectivement.

Code Complet

```python
class CompteBancaire:
    def __init__(self, numero_compte, titulaire_compte):
        self.numero_compte = numero_compte
        self.titulaire_compte = titulaire_compte
        self.solde = 0.0
```

```python
    def deposer(self, montant):
        if montant < 0:
            raise ValueError("Le montant du dépôt doit être positif.")
        self.solde += montant

    def retirer(self, montant):
        if montant < 0:
            raise ValueError("Le montant du retrait doit être
positif.")
        if montant > self.solde:
            raise ValueError("Fonds insuffisants.")
        self.solde -= montant

    def obtenir_solde(self):
        return self.solde

    def __add__(self, autre): #❶
        if autre < 0:  #❷
            raise ValueError("Le montant du dépôt doit être positif.")
        self.solde += autre #❸
        return self #❹


    def __sub__(self, autre): #❺
        if autre < 0: #❻
            raise ValueError("Le montant du retrait doit être
positif.")
        if autre > self.solde: #❼
            raise ValueError("Fonds insuffisants.")
        self.solde -= autre #❽
        return self #❾
```

Explication du Code

❶ **Méthode __add__** : Surcharge l'opérateur +.

❷ **Valider le Dépôt** : Vérifie les montants de dépôt négatifs.

❸ **Déposer** : Ajoute autre (le montant) au solde.

❹ **Retourner self** : Retourne l'objet CompteBancaire mis à jour.

❺ **Méthode __sub__** : Surcharge l'opérateur –.

❻ **Valider le Retrait** : Vérifie les montants de retrait négatifs.

❼ Vérifier le Découvert : Vérifie les fonds suffisants.

❽ Retirer : Soustrait `autre` du `solde`.

❾ Retourner `self` **:** Retourne l'objet `CompteBancaire` mis à jour.

Bonus Python !

- **Surcharge d'Opérateurs et Immuabilité :** Remarquez que même si nous surchargeons les opérateurs + et −, nous modifions toujours l'objet `CompteBancaire` sur place (nous changeons son attribut `solde`). Ceci est dû au fait que nos méthodes `__add__` et `__sub__` modifient `self` puis retournent `self`. Si nous voulions créer de nouveaux objets `Compte-Bancaire` avec des soldes mis à jour (les rendant immuables par rapport à ces opérations), nous créerions et retournerions de *nouveaux* objets `CompteBancaire` dans les méthodes `__add__` et `__sub__`.

Classes Simplifiées avec les Classes de Données

Les classes de données, introduites dans Python 3.7, offrent un moyen concis de créer des classes principalement destinées au stockage de données. Elles génèrent automatiquement plusieurs méthodes couramment utilisées, telles que `__init__`, `__repr__` et `__eq__`, réduisant le code passe-partout et rendant vos classes plus compactes. Cet exercice vous guidera dans l'utilisation des classes de données pour définir une simple classe `Point`.

Le Défi

Créez une classe de données Python appelée `Point` qui représente un point dans un espace bidimensionnel. La classe `Point` doit avoir deux attributs :

- x (un nombre à virgule flottante représentant la coordonnée x)
- y (un nombre à virgule flottante représentant la coordonnée y)

Exemple d'Entrée/Sortie

```
>>> point1 = Point(2.5, 3.0)
>>> print(point1)  # __repr__ est généré automatiquement
Point(x=2.5, y=3.0)

>>> point2 = Point(2.5, 3.0)
>>> point1 == point2  # __eq__ est généré automatiquement
True

>>> point3 = Point(1.0, 2.0)
>>> point1 == point3
False
```

Concepts Clés

- **Connaissances Préalables** : Classes, objets, attributs.
- **Nouveaux Concepts** : Classes de données, le décorateur `@dataclass`, le module `dataclasses`, les indications de type.

Réflexion

- **Stratégies de Résolution de Problèmes** :

  1. **Importer** `dataclasses` : Importer le module `dataclasses`.
  2. **Décorateur** `@dataclass` : Utiliser le décorateur `@dataclass` avant la définition de votre classe.
  3. **Indications de Type** : Fournir des indications de type pour les attributs (par exemple, `x : float, y : float`). Cela améliore la clarté du code et peut être utilisé par les outils d'analyse statique (comme MyPy).

- **Pièges Potentiels** :

  - **Mutabilité** : Par défaut, les attributs des classes de données sont mutables. Si vous avez besoin d'attributs immuables, utilisez l'argument `frozen=True` dans le décorateur `@dataclass`.

La Solution

Approches Possibles

- **Classe Régulière** : Définir une classe régulière avec les méthodes `__init__`, `__repr__` et `__eq__`. Cela impliquerait plus de code que d'utiliser une classe de données.
- **Classe de Données** : Utiliser le décorateur `@dataclass` pour générer automatiquement ces méthodes. C'est l'approche la plus concise et la plus pythonique.

Notre Approche

Nous utiliserons une classe de données pour démontrer sa simplicité et ses avantages.

Code Complet

```
import dataclasses #❶

@dataclasses.dataclass #❷
class Point: #❸
    x: float #❹
    y: float
```

Explication du Code

❶ **Importer** `dataclasses` : Importe le module nécessaire.

❷ **Décorateur** `@dataclass` : Ce décorateur génère automatiquement les méthodes `__init__`, `__repr__` et `__eq__` pour la classe.

❸ **Définir la Classe** `Point` : Définit la classe de données `Point`.

❹ **Indications de Type** : `x : float` et `y : float` sont des indications de type. Elles indiquent le type de données attendu pour les attributs et améliorent la lisibilité du code. Elles permettent également la vérification statique des types si vous utilisez un outil comme MyPy.

Bonus Python !

- **Valeurs par Défaut** : Vous pouvez fournir des valeurs par défaut pour les attributs des classes de données :

```python
@dataclasses.dataclass
class Point:
    x: float = 0.0
    y: float = 0.0
```

- **Classes de Données Immuables** : Utiliser `frozen=True` pour créer des classes de données immuables :

```python
@dataclasses.dataclass(frozen=True)
class Point:
    x: float
    y: float
```

- **Traitement Post-Initialisation** : Si vous devez effectuer une initialisation supplémentaire après la définition des attributs, utilisez la méthode `__post_init__` :

```python
@dataclasses.dataclass
class Point:
    x: float
    y: float

    def __post_init__(self):
        # Effectuer une initialisation supplémentaire ici (par
exemple, validation)
        if self.x < 0:
            raise ValueError("La coordonnée x doit être non négative")
```

EXERCICE 44:

Données Sécurisées

L'encapsulation est un principe fondamental de la programmation orientée objet qui consiste à regrouper les données (attributs) et les méthodes qui opèrent sur ces données au sein d'une classe. Cet exercice vous met au défi de créer une classe Document qui encapsule des données textuelles et fournit des méthodes pour accéder et modifier les données en toute sécurité, avec une gestion appropriée des erreurs.

Le Défi

Créez une classe Python appelée Document. La classe Document doit :

1. Encapsuler les données textuelles (une chaîne de caractères) dans un attribut _texte (en utilisant un seul trait de soulignement pour indiquer qu'il est destiné à un usage interne).
2. Fournir une méthode obtenir_texte() pour accéder aux données textuelles.
3. Fournir une méthode definir_texte(nouveau_texte) pour modifier les données textuelles. La méthode definir_texte() doit lever une TypeError si l'entrée n'est pas une chaîne de caractères.
4. Inclure une gestion des erreurs dans la méthode __init__ pour garantir que les données textuelles initiales sont une chaîne de caractères.

Exemple d'Entrée/Sortie

```
>>> doc = Document("Texte initial.")
>>> doc.obtenir_texte()
'Texte initial.'
>>> doc.definir_texte("Nouveau texte.")
>>> doc.obtenir_texte()
'Nouveau texte.'
>>> doc.definir_texte(123)  # Tentative de définir le texte sur une
valeur non chaîne
Traceback (most recent call last):
  File "<stdin>", line 1, in <module>
  File "<stdin>", line 10, in definir_texte
```

```
TypeError: Le texte doit être une chaîne de caractères.

>>> doc2 = Document(123)  # Initialiser avec une valeur non chaîne
Traceback (most recent call last):
  File "<stdin>", line 1, in <module>
  File "<stdin>", line 4, in __init__
TypeError: Le texte doit être une chaîne de caractères.
```

Concepts Clés

- **Connaissances Préalables** : Classes, objets, attributs, méthodes, lever des exceptions.
- **Nouveaux Concepts** : Encapsulation, masquage des données (à l'aide d'un seul trait de soulignement), gestion des erreurs dans __init__.

Réflexion

- **Stratégies de Résolution de Problèmes :**

  1. **Attribut _texte** : Utiliser un préfixe à un seul trait de soulignement pour l'attribut _texte afin de signaler qu'il est destiné à un usage interne (une convention pour le masquage des données en Python).
  2. **Méthode obtenir_texte()** : Une simple méthode getter pour retourner la valeur de _texte.
  3. **Méthode definir_texte()** : Une méthode setter qui prend nouveau_texte en entrée, valide le type et met à jour _texte.
  4. **Gestion des Erreurs dans __init__** : Vérifier le type des données textuelles initiales dans la méthode __init__ et lever une TypeError si ce n'est pas une chaîne de caractères.

- **Pièges Potentiels :**

  - **Ne pas Gérer les Erreurs dans __init__** : Il est important de valider les données dans le constructeur (__init__) pour s'assurer que l'objet est initialisé avec des données valides.

La Solution

Approches Possibles

La façon standard d'obtenir l'encapsulation et le masquage des données (autant que Python le permet) est d'utiliser un préfixe à un seul trait de soulignement pour les attributs et de fournir des méthodes getter et setter.

Notre Approche

Nous suivrons les conventions Python standard pour l'encapsulation et le masquage des données.

Code Complet

```python
class Document: #❶
    def __init__(self, texte): #❷
        if not isinstance(texte, str): #❸
            raise TypeError("Le texte doit être une chaîne de
caractères.") #❹
        self._texte = texte #❺

    def obtenir_texte(self): #❻
        return self._texte #❼

    def definir_texte(self, nouveau_texte): #❽
        if not isinstance(nouveau_texte, str): #❾
            raise TypeError("Le texte doit être une chaîne de
caractères.") #❿
        self._texte = nouveau_texte #⓫
```

Explication du Code

❶ **Définir la Classe** Document : Définit la classe.

❷ `__init__` **(Constructeur)** : Initialise l'attribut `_texte`.

❸ **Valider le Type d'Entrée** : Vérifie si `texte` est une chaîne de caractères à l'aide de `isinstance()`.

❹ **Lever** `TypeError` (`__init__`) : Lève une `TypeError` si l'entrée n'est pas une chaîne de caractères.

❺ **Définir** `_texte` : Affecte le `texte` validé à l'attribut `_texte`.

❻ **Méthode** `obtenir_texte()` : Définit la méthode getter.

❼ **Retourner** `_texte` : Retourne la valeur de l'attribut `_texte`.

❽ **Méthode** `definir_texte()` : Définit la méthode setter.

❾ **Valider le Type de** `nouveau_texte` : Vérifie si le nouveau texte est une chaîne de caractères.

❿ **Lever** `TypeError` (`definir_texte`) : Lève une `TypeError` si le nouveau texte n'est pas une chaîne de caractères.

⑪ Mettre à Jour _texte : Met à jour l'attribut _texte avec le nouveau texte validé.

Bonus Python !

- **Encapsulation et Masquage des Données** : L'encapsulation permet d'organiser le code et d'empêcher la modification accidentelle des données internes. En Python, le préfixe à un seul trait de soulignement (_texte) est une convention pour signaler qu'un attribut est destiné à un usage interne. Il ne garantit pas une véritable confidentialité, mais il décourage l'accès direct depuis l'extérieur de la classe.
- **Propriétés** : Pour plus de contrôle sur l'accès aux attributs, vous pouvez utiliser des propriétés (à l'aide du décorateur @property). Les propriétés vous permettent de définir des méthodes getter, setter et deleter qui sont accessibles comme des attributs.

Testez Votre Code Comme un Pro

Les tests sont une partie cruciale du développement logiciel. Les tests unitaires, qui testent des composants individuels (fonctions, classes, modules) de votre code de manière isolée, permettent de garantir que votre code fonctionne comme prévu et que les modifications n'introduisent pas de bogues. Cet exercice propose une introduction en douceur aux tests unitaires en Python à l'aide du framework populaire pytest.

Le Défi

Écrivez des tests unitaires pour la fonction est_premier() de l'exercice 26. Vos tests doivent couvrir les cas suivants :

- **Nombres Premiers :** Tester avec des nombres premiers connus (par exemple, 2, 3, 5, 7, 11).
- **Nombres Composés :** Tester avec des nombres composés connus (par exemple, 4, 6, 8, 9, 10).
- **Cas Limites :** Tester avec des cas limites comme 0, 1 et les nombres négatifs.

Exemple d'Entrée/Sortie

(Nous n'aurons pas d'entrée/sortie traditionnelle pour cet exercice, car la sortie sera les résultats des tests de pytest.)

Exemple d'exécution de pytest dans votre terminal (en supposant que vos tests se trouvent dans un fichier nommé test_premiers.py) :

```
$ pytest test_premiers.py
============================ test session starts
============================
... (sortie des tests) ...
collected 6 items
```

```
test_premiers.py ......
[100%]


============================== 6 passed in 0.01s
==============================
```

Concepts Clés

- **Connaissances Préalables** : Fonctions, valeurs booléennes (`True`/`False`), la fonction `est_premier()` de l'exercice 26.

- **Nouveaux Concepts** : Tests unitaires, framework `pytest`, assertions (`assert`).

Réflexion

- **Stratégies de Résolution de Problèmes** :

  1. **Nommage des Fonctions de Test** : Les fonctions de test doivent commencer par `test_` afin que `pytest` puisse les découvrir automatiquement.
  2. **Assertions** : Utiliser l'instruction `assert` pour vérifier si la sortie réelle de `est_premier()` correspond à la sortie attendue (`True` ou `False`).
  3. **Cas de Test** : Définir des fonctions de test distinctes pour différentes catégories d'entrées (nombres premiers, nombres composés, cas limites).

- **Pièges Potentiels** :

  ▶ **Assertions Incorrectes** : Assurez-vous que vos assertions sont correctes et testent le comportement attendu.
  ▶ **Couverture des Tests** : Viser une couverture de test complète, en testant divers scénarios d'entrée et cas limites.

La Solution

Approches Possibles

Nous utiliserons l'approche `pytest` standard pour écrire des tests unitaires.

Notre Approche

Nous allons créer un fichier de test séparé (par exemple, `test_premiers.py`) et définir des fonctions de test à l'aide d'assertions.

Code Complet

```python
# test_premiers.py

from votre_module import est_premier  #❶ en supposant que est_premier
est dans votre_module.py

def test_nombres_premiers(): #❷
    assert est_premier(2) == True #❸
    assert est_premier(3) == True
    assert est_premier(5) == True
    assert est_premier(7) == True
    assert est_premier(11) == True


def test_nombres_composes(): # Fonction de test pour les nombres
composés
    assert est_premier(4) == False
    assert est_premier(6) == False
    assert est_premier(8) == False
    assert est_premier(9) == False
    assert est_premier(10) == False


def test_cas_limites(): # Fonction de test pour les cas limites
    assert est_premier(0) == False
    assert est_premier(1) == False
    assert est_premier(-1) == False # Ou assert raises(ValueError,
est_premier, -1)  #❹
```

Explication du Code

❶ **Importer** est_premier() : Importer la fonction à tester. Remplacer votre_module par le nom réel du module où est_premier() est défini.

❷ test_nombres_premiers() : Une fonction de test pour les nombres premiers. Le nom de la fonction doit commencer par test_.

❸ **Assertions** : assert est_premier(2) == True vérifie si est_premier(2) retourne True. Si l'assertion échoue, pytest signalera une erreur.

❹ **Tester les Exceptions** : Pour le cas des nombres négatifs, vous pouvez soit vérifier si est_premier(-1) retourne False (comme dans la fonction est_premier() d'origine), soit utiliser pytest.raises() pour affirmer qu'une ValueError est levée : assert raises(ValueError, est_premier, -1).

Bonus Python !

- **Développement Piloté par les Tests (TDD)** : Le TDD est une approche de développement logiciel où vous écrivez des tests *avant* d'écrire le code. Cela permet de clarifier les exigences, de garantir la testabilité et de promouvoir une bonne conception.
- **Couverture des Tests** : Mesurer la part de votre code couverte par vos tests. Viser une couverture de test élevée pour accroître la confiance dans l'exactitude de votre code. Des outils comme `coverage.py` peuvent vous aider à mesurer la couverture des tests.

Si vous êtes arrivé jusqu'ici, merci ! J'espère sincèrement que *Python en action* a été une ressource précieuse dans votre parcours d'apprentissage de Python. J'aimerais beaucoup connaître votre expérience avec le livre. Si vous avez un moment, laisser un avis honnête sur Amazon serait grandement apprécié. Vos commentaires, positifs ou négatifs, m'aident à comprendre ce qui fonctionne, ce qui pourrait être amélioré et ce que les lecteurs comme vous recherchent.